万年上山 世界稻源

袁隆平

远古中华第一村

严文明

中华文明新探索丛书

蒋乐平 著

中华文明的万年奠基

上山

The Ten-Thousand-Year
Foundation of
Chinese Civilization

中国出版集团 东方出版中心

图书在版编目（CIP）数据

上山：中华文明的万年奠基 / 蒋乐平著. -- 上海 ：
东方出版中心，2024.8. -- ISBN 978-7-5473-2478-3

Ⅰ. K878.04

中国国家版本馆CIP数据核字第20241M7Y73号

上山——中华文明的万年奠基

著　　者　蒋乐平
策　　划　万　骏
责任编辑　陈明晓
装帧设计　钟　颖

出 版 人　陈义望
出版发行　东方出版中心
地　　址　上海市仙霞路345号
邮政编码　200336
电　　话　021-62417400
印 刷 者　上海盛通时代印刷有限公司

开　　本　890mm×1240mm　1/32
印　　张　5.25
字　　数　110千字
版　　次　2024年8月第1版
印　　次　2024年8月第1次印刷
定　　价　58.00元

以浦江上山遗址为命名地的上山文化是世界稻作文化的起源地，是以南方稻作文明和北方粟作文明为基础的中华文明形成过程的重要起点。上山文化万年水稻起源、发展的证据，是对世界农业起源认识的一次重要修订。

上山遗址发现二十周年国际学术研讨会

中国考古学会主办

2020 年 11 月

序　言

　　中华民族的源与根在哪里？中华文明是怎样起源、形成的？我国现代考古学百年历程取得的重大成就，对中华民族、中华文明的起源、形成和发展脉络作出了系统的回答。习近平总书记强调，考古发现"实证了我国百万年的人类史、一万年的文化史、五千多年的文明史"。一个民族的历史是一个民族安身立命的重要基石。中华文明，灿若星河、绵延闪耀，是中华民族生生不息的力量源泉，是中华民族自信心与自豪感的深厚底气。

　　中华民族引以为傲的文明长河，是如何发端的？在数千年的接续传承中，又经历过怎样的曲折坎坷、起承转合？这些牵系民族根脉的问题，始终是我国现代考古学诞生百年来所要揭示和回答的根本之问。

　　2020年9月28日，习近平总书记就考古工作发表重要讲话。他回顾了我国现代考古学自诞生以来，在探寻中华民族、中华文明的起源和发展方面取得的一系列重大发现，比如渑池仰韶遗迹、安阳殷墟遗址、余杭良渚古城遗址、浦江上山遗址等，考古发现，我国1.3万年前便发明了制陶术，1万年前就栽培出世界上最早的稻、粟、黍，9 000多年前就能生产玉器……这些考古重大成就延伸了历史轴线，增强了历史信度，丰富了历史内涵，活化了历史场景，展示了中华文明起源和发展的历史脉络，为我们更好研究中华文明史、塑造全民族历史认知提供了一手资料，是坚定文明自信的重要源泉。

如果说中国考古成果是满天繁星，浙江考古可以说是清晨天空中的启明星。浙江考古之于中国考古有着举足轻重的地位，在探寻中华民族和中华文明的起源、形成与发展进程方面，余杭良渚古城、余姚河姆渡、萧山跨湖桥、浦江上山等重要考古发现层出不穷，目前全国已知距今9 000年的早期新石器时代遗址近半数在浙江发现。浙江考古实证了浙江先民对中华文明、世界发展乃至人类进步的重大贡献。这些重大成就展示了中华民族开拓创新、与时俱进、自强不息的进取精神。

上山文化得名于浦江上山遗址，是长江下游及东南沿海地区已知年代最早的新石器时代文化。2006年上山文化正式命名。同年，时任中共浙江省委书记的习近平同志作出"要加强对'上山文化'的研究和宣传"的重要批示。经过二十多年的努力，目前已经在钱塘江、曹娥江和灵江流域发现上山文化遗址24处，这是中国境内乃至东亚地区规模最大、分布最集中的早期新石器时代遗址群。2020年11月的"上山遗址发现20周年学术研讨会"提出了"三个定义"：上山是世界稻作农业的起源地；上山文化是中国稻作农耕村落文化的源头；上山遗址的彩陶是迄今发现的世界上最早的彩陶。

上山遗址发现的万年水稻，不仅在中国，在世界上也是人类最早的、确定无疑的栽培稻的开始，因此，上山文化可以说是以南方稻作农业和北方粟作农业为基础的中华文明起源的重要起点，具有重大意义。它不仅是一个遗址群的分布，还有许多陶器和石器，是一个很成熟的定居文化，这在中国考古学史上是一个具有重大意义的发现，可称之为改写人类文明史的重要发现。

距今一万年前后是中华文明的奠基阶段。上山文化就是中华文明万年奠基阶段的杰出代表，是一个重要的支撑点，她代表着万年中国在文化上的成型，亦处于溯源中华文明的起点上。

尽管上山文化得到学术界的高度关注，最近国际顶级学术期刊《科学》又发布了从距今十万年至一万年野生稻向驯化稻演化的科研成果。"万年上山，世界稻源"，近两年更是成为一个高频热词，在考古界尤为火热：亮相世界考古论坛、入选中国"百年百大考古发现"、亮相国家博物馆，引发国内外广泛关注。然而，让考古成果真正走到公众中去，这还远远不够。考古成果的社会普及，还任重道远。可喜的是，在浦江县委宣传部和金华市上山文化遗址管理中心的筹划下，上山文化的主要发现与发掘者蒋乐平撰著的这本《上山——中华文明的万年奠基》即将出版。尤其让我高兴的是，这本图书设定的读者对象是普通大众乃至更为年轻的中学生群体。

对考古人来说，撰写专业考古报告属于本行，但要以通俗的语言向普通读者准确地讲清楚一个遗址、一种文化的方方面面，讲清楚考古研究的成果及其意义，却并非易事。《上山——中华文明的万年奠基》这本书朝这个方向做了很好的努力。作者以尽量简明平实的语言，带领读者一窥上山文化的地理环境、文化特征、生业、聚落等各方面的内容，阐释上山文化的成就与意义，篇幅虽不大，内容却颇成系统。我相信，通过这本书，将会有更多的人，尤其是青少年群体，加深对考古工作、对上山文化、对中华文明悠久历史的认识。

让考古成果真正走到公众中去是每一个考古人的重要责任。衷心希望，未来能涌现更多的类似著作，让优秀的传统文化成为文化自信和文化建设的内生动力，为实现中华民族的伟大复兴提供强大的精神动力。

遵作者蒋乐平所嘱，很高兴为之作序。

王 巍

2024 年 7 月 31 日

目 录

第一章

发现上山

一个遗址，
指向未曾涉足的万年文明史；
一次发现，
开启了上穷碧落下黄泉的探索历程。

上山，是浙江浦江黄宅镇渠南村（现上山村）的一座不知名的小土丘。2000年秋冬之际，浙江省文物考古研究所浦阳江流域考古调查队在此发现了一种前所未见的新石器时代文化遗存，定名为上山遗址。

上山遗址位于钱塘江支流——浦阳江上游河谷盆地的中部，西距浦江县城约6公里，南距浦阳江干流约2公里，东侧有浦阳江支流蜈蚣溪通过。北纬29°27′22″，东经119°58′16″，海拔约40米。遗址坐落在相对高度3—5米的高丘上（图1-1）。

在上山遗址遗存中，以大口盆为典型的夹炭红衣陶器和以石磨盘、石磨棒为典型的砾石石器及石片石器最具物质标识性（图1-2），经碳14年代初步测定，遗址年代距今11 000年至8 600年。[①] 2005年，这一遗存在嵊州小黄山遗址中再次被发现。[②] 2006年11月7日，在浦江召开的"中国第四届环境考古学大会暨上山遗址学术研讨会"上，这种以上山遗址为代表的早期新石器文化遗存被命名为"上山文化"（图1-3）。从此，具有这一区域文化特征的遗址均被称为上山文化遗址。

2007年至今，经过考古调查与发掘，陆续发现上山文化遗址

① 蒋乐平、郑建明、芮顺淦、郑云飞：《浙江浦江县发现距今万年左右的早期新石器时代遗址》，《中国文物报》2003年11月7日第一版。

② 张恒、王海明、杨卫：《浙江嵊州小黄山遗址发现新石器时代早期遗存》，《中国文物报》2005年9月30日第一版。

▲ 图1-1 上山遗址地貌

24处，分布于金华、衢州、绍兴、台州等地区。遗址的分布区域以钱塘江流域的金衢盆地为中心，向南至灵江流域，区域面积2万多平方公里。这是中国乃至东亚地区迄今发现的年代最早、规模最大、分布最为密集的早期新石器时代遗址群。

近万年前，钱塘江上游及附近地区为什么会集中出现如此规模的上山文化聚落群？答案就在于这里发现的最早的稻作农业证据。农业起源是人类文明史中的重大事件，它对人类的社会生活产生了重大影响。上山文

▼ 图1-2 上山文化典型陶器——大口盆

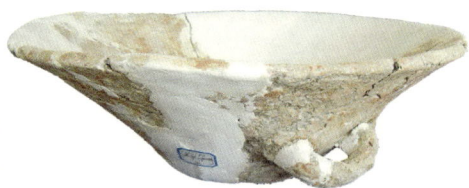

▲ 图1-3 2006年11月"上山文化"命名

化的规模性聚落分布，所呼应的正是人类历史上发生的这一次重大的社会变革，也称为"农业革命"。

农业的出现是人类对延续了数百万年的旧石器时代的告别。从此，人类摆脱了对自然界的动物性依赖，从攫取性经济向生产性经济转变，从食物的采集者、狩猎者转变为食物的生产者。农业使粮食的跨季节储存成为可能，这为定居生活创造了条件。农业生产的周期性劳动，也要求人们较长时间居住在同一个地方，以便播种、管理、收获。更为稳定的村落社会随之出现，这促进了人口的不断增长和聚集，社会分工和物品交换等复杂社会关系开始出现，为文明的形成奠定了基础。可见，农业的起源，无论在经济方式、生活方式还是在社会结构等方面，都具有里程碑式的历史意义。

上山文化与上山文化聚落群的横空出世，展现了"农业革命"带来的崭新气象，学术界对此予以高度的评价。著名农业科学家袁隆平为之题写"万年上山，世界稻源"（图1-4），著名考古学家严文明题写"远古中华第一村"（图1-5）。2020年由中国考古学会主办的"上山遗址发现20周年学术研讨会"对上山文化的定义为：以浦江上山遗址为命名地的上山文化是世界稻作文化的起源地，是以南方稻作文明和北方粟作文明为基础的中华文明形成过程的重要起点。上山文化万年水稻起源、发展的证据，是对世界农业起源认识的一次重要修订（图1-6）。

稻作文化的起源地——这是对上山文化价值意义的简明概括，也是对上山文化在人类文明史中特殊地位的高度评价。

学术界对农业起源有三大中心之说。

西亚中心：大小麦的起源地。起源时间约距今10 000年前，位

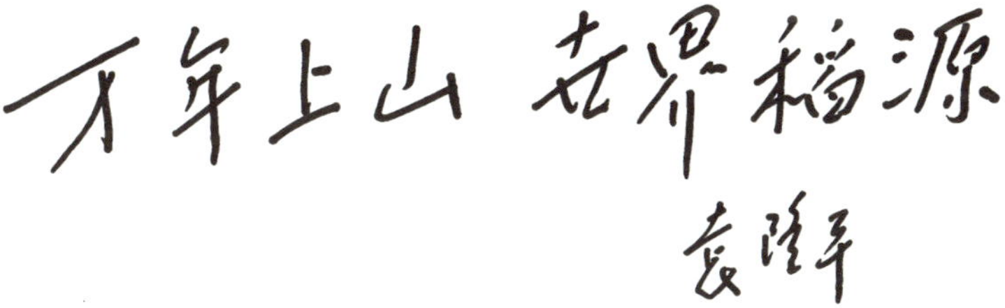

万年上山 世界稻源

袁隆平

▲ 图1-4 袁隆平题词

远古中华第一村 严文明

▲ 图1-5 严文明题词

▲ 图1-6 上山遗址发现20周年学术研讨会

置在今天的伊朗、土耳其、约旦等地，被称为"新月沃地"。这一地区后来诞生了两河流域文明，并衍生出埃及文明。从某种意义上讲，这里也是欧洲文明的发源地。这一带考古工作起步早，也是最早提出农业起源的地方。

中美洲中心：玉米等农作物的起源地。起源时间也可推至距今9 000多年，位置在今天的墨西哥一带。这是印第安人对人类文明的巨大贡献。哥伦布"发现""新"大陆后传播到"旧"大陆。

中国中心：水稻、粟、黍的起源地。水稻在长江流域，粟、黍在黄河流域。现在北方的主要粮食作物是外来的麦子，具有本地基因的最重要的粮食作物是水稻。可以认为，水稻是孵育东亚文明的最重要的粮食。

撇开作物的具体种类，单就农业经济模式的发生来说，"西亚中心"最具影响力，因为它不但年代早，考古工作也做得早，学术界的传统认识是：农业革命的最早发祥地在西亚。"中美洲中心"的遗址年代略晚，又处在"新"大陆，扩散传播更晚，对世界文明史的影响相对较弱。"中国中心"的水稻可界定为"长江中下游中心"，这个提法的首功归于20世纪70年代浙江余姚河姆渡遗址的发现[1]，国际学术界一度认为河姆渡遗址就是稻作农业的发祥地，但河姆渡遗址距今约7 000年，与西亚地区的早期农业遗址相比，年代的弱势较明显。

20世纪80年代开始，更早的遗址发现了，如湖南彭头山遗址、湖南贾湖遗址、湖南玉蟾岩遗址、江西仙人洞遗址，这些遗址均报

---

[1]　浙江省文物管理委员会、浙江省博物馆：《河姆渡发现原始社会重要遗址》，《文物》1976年第8期。

道了稻遗存的发现。特别是玉蟾岩遗址和仙人洞遗址，因为年代超过12 000年，引起了很大的关注，但这两个遗址的稻遗存资料比较单薄，在年代和栽培稻确定性方面存在一些争议。在这样的条件下，学术界根据占优势的遗存分布，采用时间、地点模糊化的策略，将整个长江中下游地区作为稻作起源地区。但从逻辑的角度，稻作的早期实践在一个广大地区均衡发展的可能性较小，而最先形成一个"进步"而"稳定"的地区，进而影响、带动生态环境相似的附近区域的可能性较大。如在西亚的"新月形地带"，文化的起步也有一个阶梯的过程，如最早的农业萌芽出现在纳吐夫文化中。[①]

钱塘江流域的上山文化是长江中下游地区稻作文明的先进区域。这里的早期农业遗址与西亚早期农业遗址的年代相近。稻和麦这两种分别哺育了东、西方文明的粮食作物很可能在距今10 000年之际同时诞生、并峙发展。这两种最古老的文明形态，支撑并主导了世界文明史的发展。

因此，确立上山文化农业起源地地位的意义十分重大。如果说，西亚麦作农业的确立成就了这一地区的两河流域文明，那么杭州湾—太湖地区诞生良渚文明的基础，可以追踪到钱塘江上游的上山文化。

2021年11月，"稻·源·启明——上山文化考古特展"第一次进京在中国国家博物馆展出。北京大学考古学教授秦岭专门为"那一个时代"单元所写的充满诗意的展词，反映了志在重建人类历史的考古学家投放在上山文化之上的那份情感与期待。摘录如下：

---

① 诺曼·哈蒙德、杨建华：《关于西亚农业起源的几个问题》，《农业考古》1988年第1期。

距今一万一千多年前，最后一次全球性的剧烈降温事件结束了，气候变暖、万物复苏，从此，地球历史进入了最晚近的一个阶段，地质学家称之为"全新世"。

这不仅仅是地球的"全新"世代，也揭开了我们人类发展的新篇章。

上山文化走在这个时代的前沿，正式开启了东亚人类文明连绵不断、持续发展的万年历程。同时期，在中国的广袤土地上，还有许多同"上山人"比肩同行的开拓者。那是一个"变革"的时代，创新的时代，觉醒的时代。那一个时代，中国、东亚乃至整个欧亚大陆都在酝酿着、积蓄着、摸索着人类社会前行的方向。

尽管自然条件各异，应对全球气候事件的策略不同，欧亚大陆进入定居时代的方式和年代略有先后，但到了距今8 500年，也就是上山文化的末期，人类社会在完成了最初的变革与创新之后，又不约而同地站在同一起跑线上，开始走向通往文明之路的探索。

对欧亚大陆乃至全球范围讲，这都是一个"重新定义"的时代，它重新定义人和自然的关系、人和物的关系、人和人的关系。这之前的人类历史忽明忽暗，这之后的人类历史一步一个脚印。

对我们这片土地而言，那个时代设定了早期中国发展的方向，定义了什么是中国——多元、一体、连绵不绝，这一切都从上山时代开始……

考古小知识

遗存与遗址

遗存：遗址中发现的各种遗迹和遗物的总称。

遗址：古代人类活动遗留下来的反映某种状态的遗迹组合，如村落遗址、城市遗址等。

碳14测年

碳14测年是新石器时代考古工作最常用的测年方法。碳14测年法又称放射性碳定年法，基本原理是根据样品中的碳14原子衰变率计算样品的年代。碳14作为一种放射性元素，均衡地存在于自然界各类生命体中，一旦生命体死亡，碳14就会因衰变而降低，每经过5 730年，碳14原子就降为原有水平的一半值。将考古样品（动植物亡体）中存留的碳14放射性水平与它的原始放射性水平相比较，就可以算出其死亡的年龄。

第二章

钱塘江畔

随着全新世温暖气候的来到，

这片肥沃土壤孕育出温带——亚热带茂盛植被，

吸引了人类来到这里生存繁衍。

不断升高的气温，融化了龙门山脉的冰雪。

冲决而出的溪流，在不断冲刷土地的同时，

也塑造了钱塘江上游的河谷盆地。

上山文化遗址迄今发现共24处，包括：浦江上山遗址、后陈遗址；嵊州小黄山遗址；永康庙山、太婆山、庵山、湖西、长城里、长田遗址；金华山下周、青阳山遗址、三潭山遗址、木禾山遗址、园上遗址；兰溪皂洞口遗址；龙游青碓、荷花山、下库遗址；衢州皇朝墩遗址；武义大公山遗址；义乌桥头遗址；东阳老鹰山遗址；仙居下汤遗址；临海峙山头遗址（图2-1）。

▼ 图2-1 上山文化遗址群分布

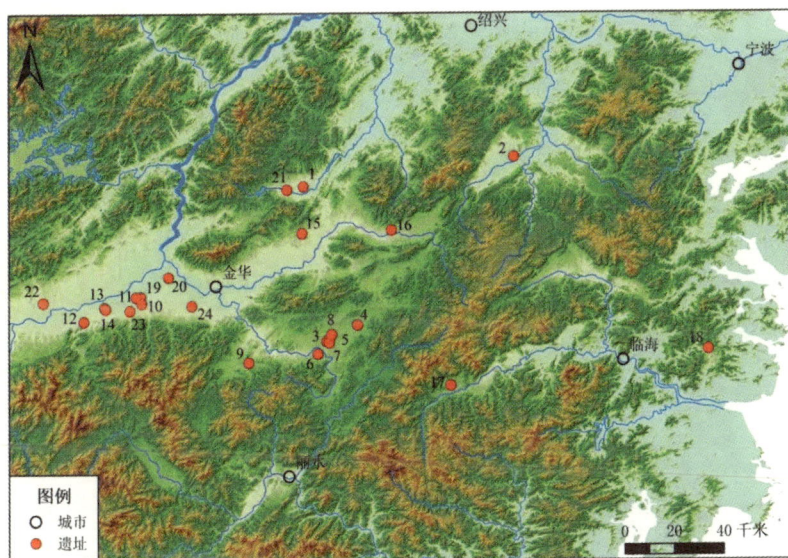

图例	
○	城市
●	遗址

1.上山　2.小黄山　3.庙山　4.太婆山　5.庵山　6.湖西　7.长城里　8.长田
9.大公山　10.山下周　11.青阳山　12.青碓　13.荷花山　14.下库　15.桥头　16.老鹰山
17.下汤　18.峙山头　19.三潭山　20.皂洞口　21.后陈　22.皇朝墩　23.木禾山　24.园上

遗址的地貌特征具有规律性，海拔为40—100米，分布于上游河谷盆地中的低丘之上，这些山丘大多被辟为耕地。从遗址的保存状况看，遗址或限于低丘范围，如上山遗址、庙山遗址等，或延伸至周围的平地，如荷花山遗址、湖西遗址、下汤遗址等。所在低丘大抵为二级阶地，许多遗址受到古河道的冲刷，原貌已经有较大的改变。现存遗址面积为3万—5万平方米。

遗址群延续时间近1 500年。上山、庙山遗址的测年达11 000多年至10 000年前后，年代相近的还包括太婆山、大公山、老鹰山等遗址。大部分遗址均存在9 000年前后的中期遗存。其中湖西、桥头等遗址还有距今8 500年左右的文化层，可定为晚期遗存。

遗址大都分布于钱塘江及支流的上游地区，仅下汤、峙山头两处位于向南毗邻的灵江上游，可见金衢盆地是上山文化的核心分布区。那么，这个区域到底具备怎样的得天独厚的地理环境条件，使其成为稻作农业的重要起源地？古稻驯化之地天选于此的原因是什么？这里作一些客观的分析。

一、地理环境

钱塘江发源于浙皖边界，从杭州湾独流入东海，是长江下游地区主要河流之一。在其上游至中腹处，以金华—衢州盆地为主体，和周边错落的一系列小盆地，包括浦江盆地、永康盆地、武义盆地、东阳盆地等，形成花边状相间的盆地群。上山文化遗址群主要分布于这些盆地群内。盆地沿北向东延展，呈狭长带状，东西长约170公里，南北宽10—20公里不等，海拔大多在50—350米。整个盆地由西南向东北倾斜，为中生代末期的构造运动形成的断陷盆地。盆地内沉积了一整套晚白垩纪到古近纪的红色碎屑岩建造，在流水作用下，致使盆地的丘陵、山麓、平原均在湿热的氧化环境中形成深厚的风化壳，故称为红层盆地。[①]

盆地的南北盆缘为北东向展布的中低山，其间沟谷发育，侵蚀剥蚀情况较严重。盆地内水系发达，较大水系有兰江、衢江、金华江、武义江和东阳江等，均属钱塘江水系的中上游段二、三、四级支流，呈树枝状展布，溪流数量众多。河流冲积作用明显，河谷开阔，广泛发育有两级阶地：一级阶地主要为全新世冲洪积相沉积，在主干河道两侧常构成冲积平原；二级阶地多对应中更新世地层，也有一部分支流流域如武义江流域的二级阶地，对应的是晚更新世地层。上山文化遗址多发现于二级阶地之上（图2-2）。全新世初的上山文化区域，其大的地貌格局可认为与现代差异不大。

金衢盆地属于亚热带季风气候，夏热冬温，降水丰富，植被繁茂。上山文化诞生在晚更新世晚期新仙女木事件之后、气候迅速转暖的早全新世阶段。区域的孢粉数据定量重建以及地球化学元素、粒度等古环境代用指标分析结果都显示，全新世早期还存在从暖湿到相对干凉再回到暖湿的次一级气候波动，植被以常绿—落叶阔叶混交林为主，也反映了当时的气候条件。[②]

---

① 胡忠行、刘文庆：《金衢盆地自然环境演化基本特点与趋势》，《浙江师范大学学报（自然科学版）》1994年第3期。

② 李黎霞：《浙江省全新世早期环境变化与文化响应》，浙江师范大学2011年硕士学位论文。Lu Fuzhi, Ma Chunmei, Zhu Cheng, et al. Variability of East Asian summer monsoon precipitation during the Holocene and possible forcing mechanisms[J]. *Climate Dynamics*, 2019(52): 969–989. Zuo Xinxin, Lu Houyuan, Li Zhen,（转下页）

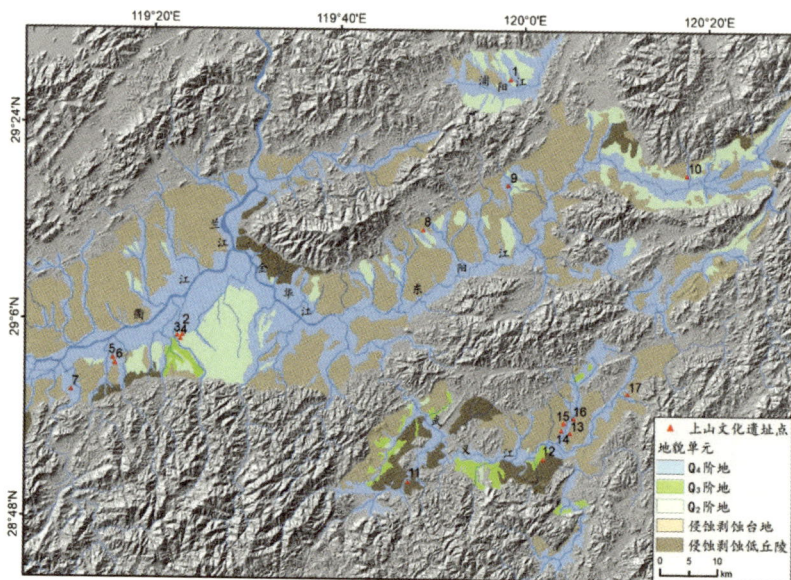

二、遗址分布特征

上山文化遗址主要分布于衢江、武义江和东阳江等主要水系周边以及金衢盆地周边的小盆地内。遗址的分布特征随局域地貌格局而变化，但同时又有鲜明的共性。

总体来说，遗址的分布可分为两大类型。

第一类分布于较为开阔的中心盆地。典型

▲ 图2-2 上山文化遗址点地貌单元（Q4全新世阶地为一级阶地，Q2中更新世阶地和Q3晚更新世阶地为二级阶地）

（接上页）et al. Phytolith and diatom evidence for rice exploitation and environmental changes during the early mid-Holocene in the Yangtze Delta[J]. *Quaternary Research*, 2016(86): 304–315.

如衢江，河宽150—300米，干流长约80公里，流域面积约11 000平方公里。衢江流域的上山文化遗址迄今发现有9个，包括荷花山、下库、山下周、青阳山、三潭山、青碓、皇朝墩和木禾山等遗址，大多分布于衢江的南岸，除青碓遗址之外，呈现出沿着主河道二级阶地边缘线状分布并靠近支流的特征。① 二级阶地平坦宽阔，遗址距后方山地的距离因此比较遥远，多为6—8公里；遗址所在处海拔范围为60—110米，与一级阶地高差10—15米。冲积平原一级阶地在遗址下方宽广展布，至主河道宽为3—5公里。

衢江北岸一带未发现有遗址分布。因整个盆地重心北倾，北岸受河流侵蚀作用的影响显著，只残留零星沿支流的二级阶地，阶地面也多被侵蚀破坏，不再平坦。沿着主河道，基岩台地并列，下方的一级阶地和南岸相比较，多狭窄紧促。

第二类分布于支流盆地，包括武义江、东阳江、浦阳江等。沿这些河流主干道两侧分布的一级阶地，与衢江相较，也显得狭窄了不少。遗址大多远离这些主干河道，位于一些主要支流周边的二级阶地或山麓小台地上，遗址下方可见相对宽敞的一级阶地延展发育。

如武义江流域的庙山、庵山、湖西长田和长城里等遗址，集中分布于较为宽阔的河谷中腹，主要位于支流两侧的二级阶地或基岩小台地之上，与一级阶地或河漫滩高差2—6米，距后方山地约4—5.5公里。其中有两处在地形上似乎显示分布于一级阶地之上，但近期的考古发掘以及周边地形特征均显示，遗址处曾有二级阶地，只是因现代城市的建设而渐趋消失。

---

① 徐怡婷、林舟、蒋乐平：《上山文化遗址分布与地理环境的关系》，《南方文物》2016年第3期。

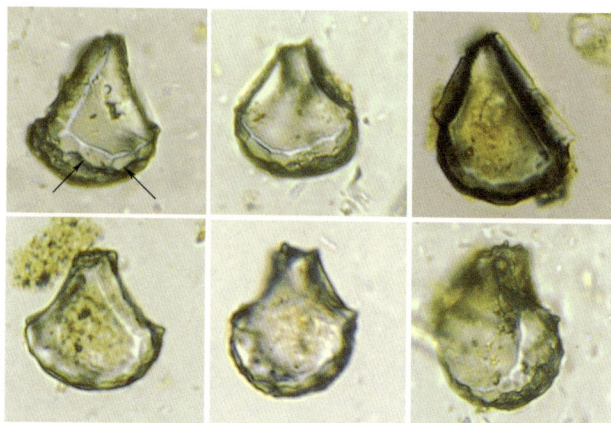

◀ 图2-3　荷花山遗址生土层发现的野生稻信息——植硅体遗存

　　武义江流域的大公山遗址和太婆山遗址，则处于末级小流域中，位于山脚小高地上，周边为溪流和较为狭小的一级阶地所围绕。

　　上山文化最早的发源地之一，出土最早的驯化稻作遗存的浦江上山遗址，其地理位置则十分优越。遗址位于浦江盆地的腹心，在浦阳江北岸被自北向南流过的支流切割成长垅状的二级阶地之上，东西两侧一级阶地开阔延展。离主河道和后方山地约为2.5公里和5公里，均为比较适中的距离。

　　调查发现，在上山文化诞生之前，这一区域的野生稻资源十分丰富[①]（图2-3），这应该是早期人群在这里聚集并进行驯化活动的核心动力。

①　Zhenwei Qiu, Leping Jiang, Changsui Wang, David V. Hill, Yan Wu. New evidence for rice cultivation from the Early Neolithic Hehuashan site, *Archaeological and Anthropological Sciences*, 2019(11): 1259–1272.

（一）智慧的上山人：稻作和安全

从上述两大类遗址的分布特征可以看出，上山文化遗址分布有几个比较突出的共同点：遗址基本都位于二级阶地上，靠近支流。这样的选择，便于古人类在地势较高又平坦的位置建筑定居，可以从支流便捷地获取生活水源以及渔猎资源。[①]但是，为什么衢江流域的遗址位于沿主河道南岸的二级阶地的边缘位置，而不是宽阔的二级阶地或台地的其他位置？而在其他主要支流流域，如武义江流域、东阳江流域以及浦阳江流域，遗址的位置为何都不是沿着主干道的两侧，而是顺着支流离开主干道？

回答上述问题，首先需要注意到遗址分布特征中的另一点：紧临着遗址的二级阶地的下方，还都分布着较为开阔的冲积平原。全新世早期，气候转暖，降水增多，来自后方山地的河溪带来了大量的松散冲洪积物，并覆盖在这些低地上。我们在桥头遗址以及湖西遗址附近发现了全新世早期的夹杂青灰色淤泥的砂砾石层，这些都体现了当时冲积平原的地貌景观，流水蜿蜒，水土肥美，虽然同时也伴有洪水的泛滥。这里很有可能是当时上山人稻作的场所，因为这样的自然环境，提供了满足水稻生长的水分、热量、土壤肥力等条件，上山最早期的野生稻的生长，到中晚期的水稻驯化，应该都是在这里发生的。

反观二级阶地，除了武义江流域，基本上都为中更新世阶地，和河床的高差高达10—15米，造成地下水位离地表过低，而水稻在生长季节需要一直浸泡在水中，所以这里难以满足相应的水分条

---

① 徐怡婷、林舟、蒋乐平：《上山文化遗址分布与地理环境的关系》，《南方文物》2016年第3期。

件。此外，中更新世阶地上常见均质红土层和网纹红土层，因经过湿热环境的强风化过程，多为粉砂和黏土，有机质含量低下，土壤贫瘠，也不利农作物生长。即使是现在，在一些残留下来未经人工改造的中更新世阶地上，如桥头遗址周围，也只见杂草生长于干燥粉土之上，不见有喜湿的农作物，而在附近的全新世冲积平原上，则一派水乡景象，农作物种类繁多，茂密生长。所以在一、二级阶地这样迥异的环境条件之下，上山人选择在地势高爽的二级阶地的边缘居住，利用二级阶地的高度防止洪水的危害，又方便前往边上宽阔的平原低地，开展稻作活动。

不过，这些沿着各级水系两侧的田畈低地，虽然十分适宜水稻生长，但同时也容易发生水患。特别是在全新世早期温暖湿润的环境中，主干河道所经过的宽阔平坦的河谷常常处于加积的状态，河道容易游移不定，洪水也多发生，这时的平原或河漫滩如果不是宽阔到足以摆脱游移的河道以及洪水的威胁，实际难以用于耕作。所以在东阳江、武义江和浦阳江等主干河道两侧，由于低地的分布相对局促，均少见有遗址出现，反而是顺着支流往上游走，河水流量变小，且河床开始出现一定的坡度，河道相对比较稳定，这时如果有相对开阔的一级阶地，周边并伴有二级阶地，就是比较理想的选址位置。而衢江主河道，由于南岸冲积平原宽阔至3—5公里，主河道游移和洪水的威胁在一些时期有可能相对较远，而且除了青碓遗址所邻的支流边上有比较开阔的低地，其他几个支流两侧的低地分布都很狭窄，所以南岸更多只能选择二级阶地边缘定居，利用北向开阔的冲积平原开展稻作。与之对照，北岸平原低地狭窄，上方二级阶地也少有残留，所以迄今还未见遗址分布。

　　由此可见，在上山人选址的山间河谷盆地，河流作用塑造了多层次的地形单元及其各异的地理环境特征。河流哺育了冲积平原上的丰饶水土，也带来了水患的隐忧。上山人顺着延伸的水系，充分利用这些多样的地形及其环境特征，扬长避短，在高阔瘠薄的二级阶地建立安全的居住场所，到邻近并远离水患的冲积平原低地开拓稻作良田，良好的生活环境促使上山人开始定居生活，并在这里开启人类稻作农业的起源。

（二）上山文化的人地关系

　　遗址分布特征中，另有一个不太显眼的问题是，衢江主干道南岸一、二级阶地都开阔平坦，但据年代测定，并不见最早期遗址的分布。那么，上山人的择地原则，是因什么环境因素驱动而发展的？

　　从理论上讲，全新世暖期第一批来此定居的人群，如果他们来自洞穴山地，那么还需要同时依赖后方的丘陵山地、周边支流和沿河低地的动植物资源，所以年代最早的大公山、太婆山遗址的地形单元尺度都很小，各方资源都易于接近，尤其紧挨后方山地，易于狩猎。这样可供农作物生长的低地田畈的面积也相应狭小，也可见这时对稻作的依赖程度可能较轻，最初可能更多是野生稻作的利用。[①]不过也可以推测，当时温暖湿润的气候，低地优良的水文条件，已为稻作的生长提供了非常良好的条件。

　　在早期遗址中，浦江上山遗址应该占据最优良开阔的位置，后

---

① Zong Yongqiang, Wang Zhijun, Innes J. B., et al. Holocene environmental change and Neolithic rice agriculture in the lower Yangtze region of China: A review [J]. *The Holocene*, 2012(22): 623–635.

方山地虽然已开始远至5公里，狩猎依然可达，周边支流两侧可用以稻作的低地开阔绵延，离浦江主干道的洪水威胁又有一定距离，各方面环境条件都很优越，所以在这里发现了最早的驯化稻作的遗存，上山中期文化也在这里得到进一步延续发展。

到了中期阶段，稻作生产已经得到很大程度的发展[①]，所以上山人也就可以进一步选择衢江南岸这样的位置。虽然离山地越来越远，但稻作农业所需的广阔的冲积平原在这时更为重要。同时，这样的选择应该也和当时的气候背景有着很大的关系。上山文化时期对应于新仙女木寒冷期结束后全新世早期的气温上升期和波动期，在文化中期的距今9 000年左右，气候从早期的温暖湿热转为相对干凉[②]，可以推测，和文化早期相比，主河道洪水泛滥程度降低，洪水的可及范围缩小，比较难以危害到靠近二级阶地下方的低地。稻作农业也因这些广阔肥沃的土地资源而得以充分地发展。

在距今8 500年左右的上山晚期，气候又转回温暖湿热[③]，衢江主河道两侧冲积平原受洪水影响的范围再次扩大，遗址的二级阶地下方可能又不再适合耕种，所以上山人不得不离开了宽阔的衢江南岸。与之相对照，在一些远离主干河道洪水威胁的支流周边，如武

①　Zuo Xinxin, Lu Houyuan, Jiang Leping, et al. Dating rice remains through phytolith carbon-14 study reveals domestication at the beginning of the Holocene[J]. *Proceedings of the National Academy of Sciences*, 2017(114): 6489-6491.

②　Lu Fuzhi, Ma Chunmei, Zhu Cheng, et al. Variability of East Asian summer monsoon precipitation during the Holocene and possible forcing mechanisms[J]. *Climate Dynamics*, 2019(52): 969-989.

③　Zuo Xinxin, Lu Houyuan, Li Zhen, et al. Phytolith and diatom evidence for rice exploitation and environmental changes during the early mid-Holocene in the Yangtze Delta[J]. *Quaternary Research*, 2016(86): 304-315.

义江流域中腹一带，则同时发现有丰富的中期和晚期遗址的分布。不过，武义江流域多见上山文化各期遗址聚集，可能还和该流域二级阶地的地层属性有关。和其他遗址区的中更新世的二级阶地相比，武义江及其支流的二级阶地基本都是晚更新世地层。晚更新世期间因冬季风加强，粉尘堆积，发育黄棕色土层。[①]黄棕色土质地均一，耕作性能和生产性能良好，且遗址周边的晚更新世阶地和下方低地的高差仅为2—3米，邻近河道，水分充足又不过湿。这样的土壤、水分和地形条件适合多样化的作物生长和耕种，也可以引水稻作，为初期农业的持续发展提供了更稳定的地理环境。

在上山文化的发展过程中这些人地关系的演化，充分地体现了自然环境的演变对人类生活方式的影响，以及古人类在适应环境的过程中对生存资源以及生产模式发展方向的选择。上山文化早中晚期间，正值全新世早期气候快速增温中的波动周期，在这种背景之下，气温、降水、河流过程、地形演变和土壤条件等，每一个都是重要的因素，具体地影响着上山人向农耕社会持续发展。从初出洞穴到野生稻作的小规模辅助利用，从稻作驯化的开始到中期稻作规模的扩大，慢慢脱离对后方山地的依赖，规避水患，直至后期农作物种类的多样稳定发展，上山人无不充分利用着这些复杂的地理条件。人类活动与环境演变的关系是一个人类通过不断调整和发展自己的行为去适应自然环境的动态过程，在上山文化这样的人类文明发展的早期阶段，这种适应的过程和发展的速度都表现得非常明显。农业社会的形成与初步发展，就孕育于这时的人地关系的和谐之中、人的能力与自然界的力量的平衡之中。

---

① 　王凤、曾蒙秀、朱丽东等：《上山遗址区沉积过程与人类活动的关系》，《沉积学报》2021年第3期。

考古小知识

地质时代的划分

地质时代所记录的是地球的历史，顺序大致为冥古宙、太古宙、元古宙、显生宙。最近的显生宙从5.4亿年前至今。显生宙又包括古生代、中生代、新生代。新生代是现代生物的时期，也称哺乳动物时代，包括了古近纪、新近纪和第四纪。第四纪包括了更新世和全新世，人类在第四纪完成了从猿到人的进化。

二级阶地

二级阶地常常也指中晚更新世阶地，有时也称为台地。一般指沿河谷两岸伸展，高出洪水期水位，相对于河漫滩而言位置更高的阶梯状地形。在河流下切过程中，还会形成更晚的阶地，称为一级阶地。

| 河漫滩 | 河漫滩是指发洪水的时候，洪水溢出河道，流到周边河谷平地上，留下了沉积物形成的滩地，就是我们平时看到河道周边平缓的区域（和河道基本在同一高度上），时间久了就演化成冲积平原。 |

| 冲洪积物 | 洪积物由大雨或融雪水将山区或高地的大量碎屑物沿冲沟搬运到山前或山坡的低平地带堆积而成。河流沉积物称为冲积物。冲洪积物就是冲积物和洪积物的总称。冲洪积物堆积的过程称为加积。 |

| 地层 | 地质学上的地层是指某一时期某一个沉积事件所形成的岩层。考古学上的地层是指过去人类活动形成的土层。 |

新仙女木事件

新仙女木事件是末次冰消期持续升温过程中的一次突然的降温事件。它是一个全球性的事件，中国东部陆架海也普遍发现了新仙女木事件的沉积记录。由于中国东部陆架位于欧亚大陆和太平洋之间，受季风的强烈影响，因此有着独特的响应。一般认为，新仙女木事件所造成的环境压力对农业起源产生了重要影响。

古环境代用指标

古环境代用指标是揭示过去气候、生态及环境变化的重要依据。这些指标以直接或间接的方式，为重建古环境、预测未来环境提供宝贵线索。以下是本书涉及的三个指标。

孢粉数据定量重建：利用孢粉里面含有的植物成分的量比，来判断复原当时可能的环境。

粒度：沉积物颗粒的粗细，用来判断当时的水流搬运强度以及相关的气候信息。

地球化学元素：有关古气候研究的各类化学指标，包括元素或微量元素比值、同位素等。

基岩台地 | 台地是指比阶地高一些老一些的高地。有的台地下半部是基岩，上半部覆盖后来的各种沉积物；有的台地全部由基岩构成，这就叫基岩台地。

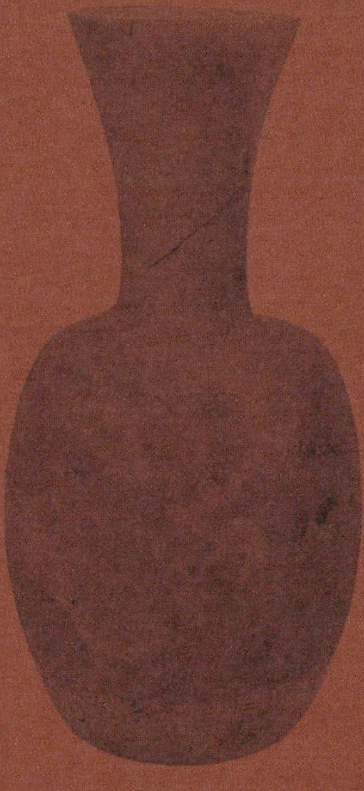

第三章

万年印记

考古学发现的古代世界是一个象征的世界，

核心依据就是实物遗存，

因为它是一个「真实」的存在。

考古学的使命，在于不断发掘这一象征世界的现代意义。

　　何为上山文化？或者说，如何判断其为一种独立的考古学文化？

　　"考古学文化"概念创自19世纪初年，后由英国考古学家柴尔德加以完善："我们发现某种类型的遗物（陶罐、工具装饰品、葬仪和房屋形态）常常共存在一起。我们称这些具有相关特性的遗存为一个'文化群'或一个'文化'。我们认为这样的遗存就是现在所说的'人群'的物质表现形式。"[1]20世纪50年代，夏鼐将考古学文化概念引入中国。《中国大百科全书·考古卷》的"考古学文化"概念是"某几种特定类型的器物，经常地在一定地区的某一类型的居址或墓葬中共同出土，这样一群有特定组合关系的遗存，即可以称为一种'文化'"[2]。

　　"考古学文化"的背后是"人群"。"人群"早已不复存在，即使发现了墓葬（人骨）资料，也很难与邻近的族群进行体质人类学上的区分。但一个"人群"有其特殊的文化传统，他们的生产生活方式以工具、器物的形式保存下来，其中又以陶器最具有代表性。陶器的可塑性、多变性往往转化为某种唯一性。

　　上山文化的独特性及基础内涵，正是体现在独特的陶器和石器组合在遗址群的普遍性分布上。上山文化的早晚分期，也主要体现

---

① 柴尔德：《欧洲文明的曙光》，陈淳、陈洪波译，上海三联书店，2008年。

② 中国大百科全书编委会：《中国大百科全书·考古卷》，中国大百科全书出版社，1986年。

在陶器形态的变化上。[①]

一、陶器与石器

上山文化所在区域红壤分布普遍，受酸性土壤影响，遗址出土物主要为陶器和石器，木器、骨器等有机质文物极少能保存下来。

（一）陶器

上山文化的夹炭红衣陶是中国南方地区最早出现的一种新陶系。从岩相学观察，夹炭陶质地以掺入稻壳类有机质和黏土为主，主要见于大口盆的制作（图3-1）。陶盘等掺入有机质和石英质火山岩颗粒（图3-2）。有些陶器以泥质和混合质为特征，泥质陶的质地不含石英颗粒或有机物，而以黏土为主（图3-3）；混合质则是泥质中掺入少量的石英及有机质。黏土基质均包含大量单晶和多晶石英、斜长石以及白云母、闪角石等。分析还表明，陶器表面涂饰的红衣亦为黏土，与胎体相比，缺少包含五氧化二磷的草木灰成分，这与泥料的提炼及烧造过程中的氧化反应有关（图3-4）。[②]

出土物以陶器残片为主，部分完整或得以修复。早期以夹炭红衣陶为典型，晚期泥质（含细砂）、夹砂陶器增加。成型及制作技术包括捏塑法、泥片贴筑法、泥条盘筑法和泥条套接法等。其中最

---

① 中国国家博物馆：《稻·源·启明——浙江上山文化考古特展》，山东美术出版社，2021年。

② Daniel Kwan（关子平）、David Smith、蒋乐平、潘艳、Gary Crawford：《浙江上山文化早期至晚期陶器切片的岩相学研究》，《上山文化论集》（上），中国文史出版社，2018年。

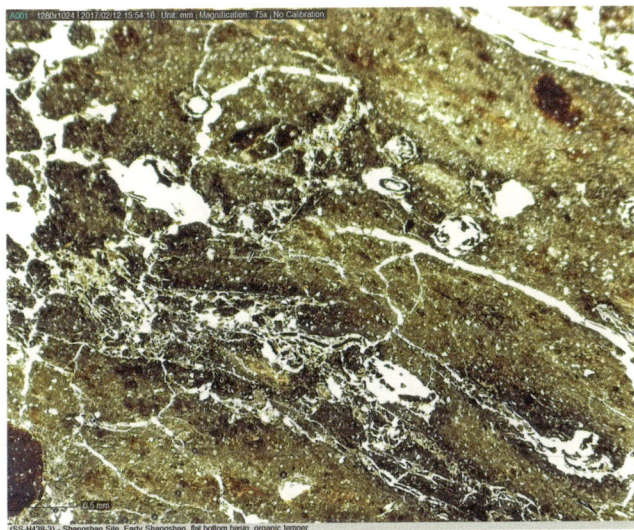

▲ 图3-1 夹炭陶盆岩相观察（上山遗址）

▲ 图3-2 陶平底盘岩相观察（桥头遗址）

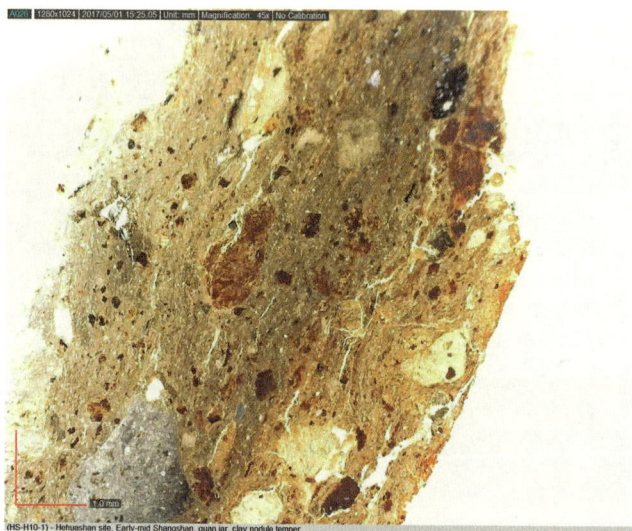

▲ 图3-3 陶罐岩相观察（荷花山遗址）

▲ 图3-4 壶形罐岩相观察（湖西遗址）

典型的是泥片贴筑法和泥条套接法，在典型标本上，贴筑特征从陶片截面的层理状现象可以观察到（图3-5），泥条套接以一种子母口的方式拼接——泥条存在一个凸面和凹面（图3-6），另外，盆类陶器的碎裂面也呈现圈条状分布（图3-7）。总体看，不同的制作方式可能有主辅之分，可以同施加于一件器物。

▲ 图3-5 陶器贴筑法标本

1. 分类

从大类上看，陶器分盆、罐、钵、盘、杯等几种，比较简单，这与其古老的年代是相吻合的。从功能上说，大致可分为炊器、饮食器、盛器三大类，但器物的功能未必是单一的。

▲ 图3-6 陶器盘筑套接凹凸面标本

（1）炊器

新石器时代的陶炊器一般包括釜、鼎、甑、鬲等。炊器的判断依据，一是看器形，二是看使用痕迹，既然是炊器，必然有用火的痕迹，比如在器

▲ 图3-7 陶器盘筑破裂纹理

▲ 图3-8 大口盆（上山遗址）

▲ 图3-9 大口盆（桥头遗址）

▲ 图3-10 大口盆（上山遗址）

物的底部出现黑色的烟炱。

但炊器却是上山文化早期最神秘的器物，因为陶器上没有留下明确的烟炱痕迹，所以无从确定哪种器物是当时的炊器。

考古学关于陶器起源的理论有多种，其中之一为烹饪假设，就是说，最早的陶器是用作炊具的。因为贮存可以利用其他自然物质，如竹筒、葫芦和大的叶子，但这些自然物质都经不起烧烤，无法作为炊器。而陶器的发明为炊煮食物提供了极大的便利。从这个的逻辑看，上山文化早期不可能没有炊器。

有研究者提出，大口盆可能就是当时的一种炊器（图3-8、9、10），因为大口盆数量多，可以与一种陌生的"石煮法"的熟食方法相联系。所谓"石煮法"，就是将食品放在盛水的陶器中，而水被不断放进去的烫热的石头加热，达到熟食的目的。这类似现今尚存的"石锅鱼"的煮食方法。

民族志资料表明，狩猎采集民族用铺有兽皮的土坑或用木头、树皮、葫芦、石头及动物皮革制成的容器以石煮法来炖煮食物。在北美洲北部地区，一些以狩猎采集为生计方式的游牧民族用烧热的石头在陶器中炖煮食物，这些陶器大多为如大口盆一样的敞口器，因为敞口器形方便于搅动器内的盛物，包括烫热的石块。这是将上山文化大口盆指认为"石煮法"炊器的主要理由。①

在无法鉴别出其他炊器的情况下，将大口盆视为"石煮法"的炊具，不失为一种判断。但从类型学的角度，这类大口盆到了中期，演变为另一种形态的泥质陶或夹细砂陶的更为精致的敞口盆，不像早期大口盆那样粗厚，胎体变薄，更加规整均匀，陶衣装饰也更加细腻，与炊器的功能渐远（图3-11、12、13），应该属于食器或盛器一类。

关于上山文化早期炊器，也有可能因为陶器破碎的原因，真正的炊器没有被辨认出来（图3-14），需要从残余物分析的角度作进一步研究。

到了上山文化中期，普通意义上的炊器可能已经出现。如桥头遗址出土不少圜底陶罐，外底腹出现了焦黑的斑痕，说明用过火，且其卵腹圜底的形态接近后来的陶釜，已经可以归入炊器行列（图3-15、16）。晚期的湖西遗址更出现了有拍印绳纹的更为明确的小陶釜（图3-17）。

---

① 刘莉：《植物质陶、石煮法及陶器起源：跨文化的比较》，《西部考古：纪念西北大学考古专业成立50周年专刊》，三秦出版社，2006年。

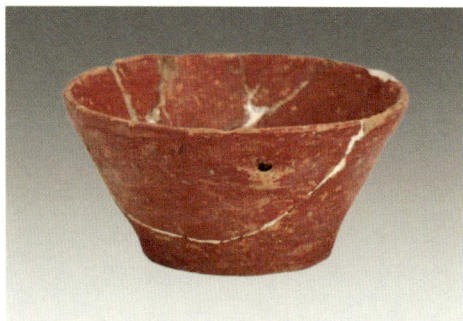

▲ 图3-11　陶盆（下汤遗址）

▲ 图3-12　陶盆（桥头遗址）

▲ 图3-13　陶盆（下汤遗址）

▲ 图3-14　疑似炊器残部（上山遗址）

▲ 图3-15　圜底陶罐（桥头遗址）

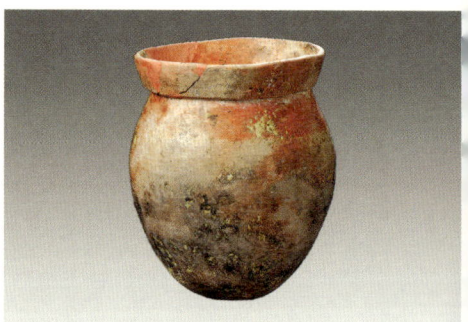

▲ 图3-16　圜底陶罐（桥头遗址）

▲ 图3-17 小釜（湖西遗址）

但上山文化始终不见在更晚期——跨湖桥文化和河姆渡文化中常见的釜支子——一种用于支垫、抬升陶釜以便在下面烧火的配器。

（2）饮食器

陶炊器的出现，使得人类从单一的烤食（包括生食）发展到烤、煮（炖）相结合的饮食方式。这时，陶器也成为最重要的饮食工具。

饮食器分食器和饮器。一般认为，原始社会因为食物匮乏，所以实行平均主义，就餐之前将食物分为相等的若干份。这就是原始的分餐制，氏族成员各自分得有限的食物。根据这个假设，当时的食具应该是较小的，因为食物有限且由个人单独使用。上山文化虽然从早期开始有少量钵类器（图3-18），但更多的食具有两大特点，一是敞口，二是器大而浅。

▶ 图3-18 陶钵（上山遗址）

▲ 图3-19　陶平底盘（荷花山遗址）

▲ 图3-20　陶平底盘（桥头遗址）

　　实际上，早期的大口盆也可能是装食品的器具，其中晚期的形态更像是食具或盛具。另外，中期开始出现数量较多的盘。这些盘的口径与大口盆差不多，最大直径在40厘米以上，但器腹深度很浅，多在5厘米左右（图3-19、20）。这样的食具，不适合盛装流质、汤汁食品，也不适合独食，当时很可能有合餐或共食的习俗。

　　但到了晚期，却出现了比较多的器形较小的陶器，极似后来的碗（图3-21、22、23）。食具的形态变化，可反映食物结构和生活

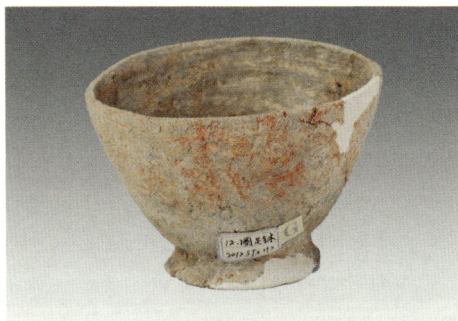

▲ 图3-21　陶碗（湖西遗址）

▲ 图3-22　陶碗（桥头遗址）

▲ 图 3-23 陶碗（桥头遗址）　　▲ 图 3-24 陶杯（上山遗址）

方式上的变化。

特定功能的饮器只有一种，这种陶器小口、深腹、直壁、平底，近似现在的杯，应该是饮用的陶杯（图 3-24）。但上山文化中晚期，还普遍出现了壶类器，或可名之为壶形罐，这种器类应该属于水器或酒器，属于饮器范畴。

壶形罐分两种：一种带对称扁耳；一种似是扁耳的蜕化，呈对称的竖条装饰，脖子较细，器形较小。部分器物带圈足。共同的特征是口较小，适合贮存流体物质（图 3-25、26、27、28）。

典型的壶出现于晚期。与壶形罐不同的是，壶呈典型的喇叭口，脖子长，折肩器变多，腹部略显矮（图 3-29）。

（3）盛器

盛器是盛物品的器具，主要用作贮存或其他特殊功用。这类器物主要指陶罐，另外还可包括圈足器。

罐，泛称深腹敛口的器皿。上山文化多见双耳罐。早期器耳形状均呈桥形，跨置于肩颈之间或肩部之上，两侧对称（图 3-30）。

▲ 图 3-25 壶形罐（桥头遗址）

▲ 图 3-26 圈足壶形罐（桥头遗址）

▲ 图 3-27 壶形罐（桥头遗址）

▲ 图 3-28 壶形罐（小黄山遗址）

◀ 图 3-29 陶壶（湖西遗址）

中期器形变高，出现扁耳罐，与壶形罐类似，但器形较大（图3-31、32）。耳的功能应该是用于穿绳提拎。为什么要穿绳？一是悬挂，可能是贮存物品的方法；二是贮存物需要手拎提送。前者可能是需要较长期存放的物品，后者可能是生产活动中携带的物品。另外还发现筒形罐（图3-33、34）。

上山文化出土陶罐不少，但没有发现盛器应配有的器盖。确切地说，上山文化迄今未发现器盖。可能利用其他物质，比如木板、叶片等充作覆盖物，或者用合适的陶器相互扣合。没有特定的陶器盖，也反映长期储存的观念在当时还没有形成。

圈足器在上山文化早期就出现了，但器形比较简单（图3-35）。中期以后，圈足器的形态趋于多样（图3-36、37、38），圈足部位的镂刻装饰更趋精致。制作考究的圈足器，有可能在举行仪式时用来盛装精美食品。

2. 彩陶艺术

彩陶是上山文化陶器的精华品种，

▲ 图3-30 双耳罐（上山遗址）

▲ 图3-31 双耳罐（上山遗址）

▲ 图3-32 双耳罐（小黄山遗址）

▲ 图3-33　筒形罐（荷花山遗址）

▲ 图3-34　筒形罐（下汤遗址）

▲ 图3-35　圈足陶盘（上山遗址）

▲ 图3-36　圈足陶盘（桥头遗址）

▲ 图3-37　圈足陶罐（下汤遗址）

▲ 图3-38　圈足陶盘（小黄山遗址）

彩纹多施于实用陶器上。

以红衣工艺为基础，上山文化诞生出中国最早的彩陶，也堪称世界上最早的彩陶。

陶器表面施红衣的工艺，始见于早期夹炭陶器；中晚期在夹细砂和粗泥陶器中依然流行，且工艺愈加精致（图3-39），并在红衣泥料的选择及涂饰实践中发展出彩陶工艺，材料除红彩外，还包括乳白彩。上山文化彩陶是从上山文化独有的制陶工艺中诞生的。

早期夹炭陶中羼和碎稻壳，胎体比较粗糙，但陶衣却十分细腻，器表形成光泽，可见经过了特殊的工艺处理。[1]红衣之下，往往能够看到浅黄或乳白色的涂敷层，也可理解为"化妆土"[2]。有理由认为，中晚期出现的两种彩纹形式，是早期陶衣实践基础上的产物。上山文化彩陶是在自身的技术与审美条件下的独立发明。从广义的角度，上山文化的陶衣本身也是一种"彩"，并在中晚期发展出白色陶衣，为白地红彩提供了施展的条件。

体现制陶工艺最高水平的是桥头等遗址的陶器。

上山彩陶分为乳白彩和红彩这两种颜料类型。乳白彩又叫厚彩，施于红衣之上，颜料干厚，纹路较窄，视觉触觉均有粗凸感，容易掉彩；红彩又叫薄彩，颜料稀薄，施于红衣或乳白衣之上，纹路一般较宽，视触觉光滑。红彩一般均为简单的带彩；乳白彩则彩纹多样，除了具象的太阳纹，还见有圆点、环圈、短线组成的抽象的几何形纹饰。

彩陶主要出现在盆、罐、圈足盘、碗这几类器物之上。

---

[1] 浙江省文物考古研究所、浦江县博物馆：《浦江上山》，文物出版社，2016年。
[2] 朱雪菲等：《上海、江苏、浙江、福建、台湾、山东出土彩陶概述》，《中国出土彩陶全集》，科学出版社，2021年。

▲ 图3-39 陶壶（桥头遗址）

施于盆的彩纹，均为沿口唇一圈的红色条带纹。在器腹内外壁乳白或浅黄陶衣衬托下，红彩条带十分醒目，起到了装饰效果。部分陶盆的外壁也是红衣为地，但条带红彩比红衣更鲜艳，能明显分辨出来（图3-40）。

陶罐和陶壶形罐所见彩纹均可归为红地乳白厚彩类，施于肩颈位置，彩纹分为对称的四等分或两等分，一般为短线组合和点彩组合两种形式。同器各组纹饰并非简单重复。短线组合有一定规律，有的形似"卦符"（图3-41）；点彩也组合成方形或圆形，或环器一周，也有组成套索纹样的（图3-42）。体形较大的一类罐，颈部饰一周白彩弦纹并配以平行点彩和太阳纹（图3-43）。

陶壶的肩颈部常见乳白彩的点彩和短线组合纹，或环圈一周（图3-44），或长颈部位装饰纵向对称的断续折线纹（图3-45）。

圈足盘也是重要的彩陶器。圈足盘有两种彩纹形式，一种是施于盘腹外壁的红地白彩，除了常见的连线点彩和细碎波浪纹图案，迄今发现的最复杂图案就是一件残器上的太阳纹和对角纹、方块纹的组合图案（图3-46）。另一种是"留白"的彩纹形式，通体红衣

▲ 图3-40 陶盆（桥头遗址）

▲ 图3-41 "卦纹"壶形彩陶罐（桥头遗址）

▲ 图3-42　彩陶壶形罐（桥头遗址）

▲ 图3-43　彩陶罐残片（桥头遗址）

▲ 图3-44　彩陶壶（桥头遗址）

▲ 图3-45　彩陶壶（桥头遗址）

中在圈足部位留出白底，形成一圈白彩带纹，这也反映了上山陶器在色彩装饰上的独到之处（图3-47）。

碗是晚期出现的器物，器形简单，彩纹也仅见点彩一种，一般是环器一周的组合点彩（图3-48）。

其他如深腹平底盆、圜底罐、圈足罐等，彩纹仅见宽带的薄红彩，彩纹或施于肩颈位置，或施于口沿内外（图3-49）。

总体来说，上山文化彩陶中，红彩均呈环器身一周的条带纹，比较简单，仅具装饰效果。白彩纹样则比较复杂，除了环器的弦纹、连线点彩具有装饰含义之外，另有符号化的意象指代，比如太阳纹。部分长短不一的短线组合极似原始的卦象，聚合在一起的矩状或圆圈的点彩组合或也有特殊的含义，值得进一步研究。

▲ 图3-46 太阳纹彩陶片（桥头遗址）

▲ 图3-47 彩陶圈足盘（桥头遗址）

▲ 图3-48 彩陶碗（桥头遗址）

▲ 图3-49 彩陶罐（左）和彩陶盆（右）（桥头遗址）

▲ 图3-50 "田"字刻划纹陶片（荷花山遗址）

除彩陶外，还见有刻划、镂孔装饰，前者见于罐的口沿外侧，后者见于圈足器的圈足部位。另有少量特殊的刻划纹样，如"田"字符号（图3-50）。

（二）石器

上山文化时期的石器以打制石器为主，原料主要是遗址附近河滩中的鹅卵石。原料共涉及11个类别：斑岩、玢岩、凝灰岩、砂岩、霏细岩、硅质岩、燧石、花岗岩、辉绿岩、流纹岩和石英岩。从制作工艺的角度，可大致将打制石器分为两类：普通打制石器、砾石类石器。普通打制石器包括了石片石器和石核石器，以石片石器为主。砾石类石器主要有石磨盘、石磨棒、穿孔石器、石球、石锤。

另外，磨制石器也已出现，如石斧、石锛、石凿等。

1. 石磨盘和石磨棒

石磨盘和石磨棒是最典型的石器，两者配合使用，相互磋磨可以起到谷物脱壳脱粒或碾磨淀粉类食物的作用（图3-51）。

在中国的新石器时代，石磨盘和石磨棒的使用比较广泛。最经典的石磨盘和石磨棒发现于黄河流域的磁山裴李岗文化，河南新郑裴李岗遗址和河北武安磁山遗址出土的石磨盘用砂岩琢制而成，呈

▲ 图3-51 石磨盘与石磨棒（上山遗址）

履底形，正面较平，底部凿有四矮柱状足，而磨棒近圆柱体，中间略细，盖碾磨日久所致。[①]用石磨盘与石磨棒脱谷粒，也见于民族学的资料，如云南广南县的壮族村寨用磨石脱粒。美洲的玛雅文化中，也有类似的石磨盘与石磨棒。新石器时代其他遗址出土的石磨盘，虽没有像磁山裴李岗文化一样的支足，磨棒也未必一定像棍棒状，但用法与功能基本是一致的。

上山文化的石磨盘，用河滩大块砂砾凝灰岩加工而成，一般利用其平整的一面加工成磨面，底面亦经修整，以便稳定放置；磨面利用砂砾岩质的粗粝，或有意识地琢成均匀凹点，营造摩擦阻力，经使用磋磨呈凹弧状。磨棒则呈条块状，或圆或方，其中的一面或多面都有磋磨形成的稍呈弧凸的平面。

关于石磨盘与石磨棒的功能，存在争议。有一种意见认为其更多属于采集经济下的食物加工工具，如用于橡子的去壳及其淀粉加工。但更具代表性的意见是，石磨盘、石磨棒具有多功能性，既可以加工稻子，也可以加工其他采集来的坚果或淀粉类食物。实际上，在原始的混合经济阶段，对具有相同属性的食物采用同一种工具和加工方法，是正常现象。因为农业经济的前身就是采集经济。

2. 穿孔石器

穿孔石器一般利用天然的近似圆形的砾石作为原料制成，部分也经过表面的加工。直径10厘米左右，中部凿有一孔，孔内直径2—3厘米。制孔的工艺为双面凿打，对穿成孔。

[①] 任万明、王吉怀、郑乃武：《1979年裴李岗遗址发掘报告》，《考古学报》1984年第1期。

　　穿孔石器的功用，有两种解释。一种解释是作为加重器。用一根尖木棒从穿孔石器的中间孔穿过，并将其固定在中部偏下端，可作为挖土和点播工具。因为穿孔石器可以使细长的木棒重心下移，以增加它的稳度、力度和准确度。另一种解释是作为狩猎工具，使用方法是用绳索从穿孔石器的中间孔穿过，将其固定起来，另一边则握在人的手里，使用的时候通过旋转绳索带动穿孔石器做圆周运动，当穿孔石器旋转到最高速的瞬间，将手握着的绳子放开，让穿孔石器沿切线方向飞出，从而达到击杀捕猎物的目的。这种用法类似于流星索、飞石索。遗址出土的穿孔石器确实有裂成两半的，或许是使用过程中猛烈撞击所致（图3-52）。

◀ 图3-52　穿孔石器（小黄山遗址）

3. 石球

石球是一种抛投的狩猎工具。在上山文化
遗址中，我们发现一种球面上刻有凹槽的石球，
这种石球的使用方法，应该同于上述穿孔石器的
第二种使用方法，即凹槽用来捆绑绳索，狩猎人
握住绳索的另一端挥动石球抛击野兽或用绳子绊
住奔跑的野兽的四蹄（图3-53）。

▶ 图3-53 带凹
槽石球（小黄山
遗址）

4. 打制石器

打制石器属于旧石器时代常用的工具系统。
上山人多利用坚硬的来自河滩的卵石打制剥离出
石片和石核作为工具（图3-54），其制作过程通
常包括从剥片到二次修理成器两个步骤。打击石

▲　图3-54　打制石器（上山遗址）

片的方法以锤击法为主，也可能有砸击法。二次修理主要用锤击法，包括对破裂面、背面进行交互或错向修理。此外，少量石片有比较宽而浅的石片疤，可能使用了间接打击法进行修理。

　　打制石器的锋刃看似不如磨制石器规整，实际上其锋利程度并不逊色，可用来割肉、锯竹、割穗等。早期上山文化遗址出土的石片石器数量最多，中期后有减少趋势。代表性打制石器包括尖状器、凸刃刮削器、直刃刮削器、锯齿刃刮削器、盘状刮削器、钻器以及石核石器、使用石片等（图3-55、56、57、58、59）。

▲ 图3-55 尖状石器
（上山遗址）

▲ 图3-56 直刃刮削器
（上山遗址）

▲ 图3-57 盘状石器
（上山遗址）

▲ 图3-58 石核石器
（上山遗址）

▲ 图3-59 直刃使用石片
（上山遗址）

5. 石斧、石锛和石凿

《说文解字》："斧，斫也。"斧为砍东西用的工具，多用来砍木头。《广韵》："神农作斤斧陶冶。"斧在古代社会生活中具有重要地位（图3-60）。

锛，《康熙字典》释为"平木器"，是木工用的工具，用时向下向内用力

▲ 图3-60 石斧（上山遗址）

砍，亦称锛子。在考古学上，一般将单面刃或不对称双面刃的石器定名为锛。在装柄方式上，锛刃口的方向与柄相左，因此其用力

▲ 图3-61　石锛（上山遗址）

▲ 图3-62　石凿（上山遗址）

方向是向内、向下，不适合砍伐树木，而适合对放倒的木材进行深加工，如刨皮、平木、刳木（图3-61）。

凿，呈长条形，偏锋、两面刃，形状极似变窄的锛。《说文》："凿，穿木也。"其功能是穿凿木构件中的卯孔（图3-62）。

斧、锛、凿是上山文化所见的主要磨制石器，实际上，也是新石器时代最早的磨制石器。这是因为，随着旧石器时代晚期人类走出洞穴，为遮风避雨，用树木为原料在旷原地区构建住所成为第一需要。打制石器不规则的刃部已经不适应砍伐树木，特别是解剖、深加工木料的需要。从这个意义上，磨制石器确实应该是新石器时代诞生的标志之一，它实际上对定居生活提供了支持。

（三）骨器

由于酸性土壤的原因，上山文化遗址群的有机质文物保存较差，迄今只见上山遗址出土骨锥一枚。[1]这件骨锥通体磨光，头部尖锐，尾端略平，无孔，截面圆，最大径0.55厘米，最大径位置在

---

[1]　浙江省文物考古研究所、浦江县博物馆：《浦江上山》第三章第二节（三），文物出版社，2016年。

中部偏尾端（图3-63）。

二、年代与分期

上山文化作为浙江乃至中国长江下游及东南沿海地区最早的新石器时代文化，其相对年代和绝对年代都有证据。

▲　图3-63　骨锥（上山遗址）

（一）相对年代

在24处上山文化遗址中，经过正式考古发掘的遗址有上山遗址、小黄山遗址、荷花山遗址、桥头遗址、下汤遗址等几处。这些遗址的堆积特征既有共性也有个性，但大部分遗址均存在明确的上山文化与跨湖桥文化、河姆渡文化的地层叠压关系。上山遗址北区表现为被跨湖桥文化层叠压，南区被河姆渡文化层叠压。[1]荷花山遗址、青碓遗址、桥头遗址以及小黄山遗址，均呈现为被跨湖桥文化层叠压。[2]下汤遗址也存在上山文化、跨湖桥文化和河姆渡文化的叠压关系。[3]因此，上山文化早于跨湖桥文化，也早于河姆渡文化，存在地层学的证据。

---

[1]　浙江省文物考古研究所、浦江县博物馆：《浙江浦江县上山遗址发掘简报》，《考古》2007年第9期。
[2]　蒋乐平、雷栋荣：《万年龙游——龙游史前文化探源》，中国文史出版社，2016年。
[3]　浙江省文物考古研究所、仙居县文化和广电旅游体育局：《万年浙江的缩影——仙居下汤遗址考古图录》，2020年，未正式出版。

　　比如，上山遗址北区⑧至⑤层、南区⑤层及相关遗迹的出土遗物呈现一种前所未见的考古学文化类型，即"上山文化"。北区④、③层及相关遗迹属于跨湖桥文化内容。南区④层及相关遗迹相当于河姆渡—马家浜文化阶段，但文化内涵具有区域特殊性。南区③层为春秋战国时期遗存。南北区的②层均为唐宋以后的晚近阶段。

　　遗址文化层的叠压关系，是早晚分期研究的基础。不仅如此，文化层的堆积内涵也能反映所在区域的文化发展关系，这也是认识上山文化的一个重要方面。

　　从上山遗址的文化层叠压关系看，在上山文化分布区，后续的新石器时代文化为距今8 000多年开始的跨湖桥文化和距今7 000年开始的河姆渡阶段的考古学文化。

（二）绝对年代

　　迄今，上山文化的绝对年代都来自碳14测定。上山遗址的测年样品提取于陶片的植物残屑，测年数据分布在距今11 000年至8 600年间。桥头、湖西等遗址提取植物种子和炭屑测年，增加了距今9 000—8 500年的数据（表3-1）。

　　上山遗址最老的一个校正数据是公元前9400年，也就是距今11 400多年，但碳14测定数据是有误差率的，准确地说，这个数据的有94%概率的置信范围是在公元前9400年与公元前8450年间，也就是距今11 400年至10 450年间。其他数据大多比这个数据晚，早期数据基本分布在距今10 500多年到9 500年间。

　　因此，上山文化的早期年代可定在距今10 000年前后。这是偏向于学术的年代分析，当涉及碳14测年数据的客观介绍时，也会

表3-1　上山文化测年表①

分期	单位②	样品物质	碳14年龄(BP、BC)(T₁/₂=5 568)	树轮校正年龄		实验室
				1σ(68.2%)	2σ(95.4%)	
早期	上山H31	夹炭陶	9 610±160	9220BC（67.1%）8790BC	9400BC（95.4%）8450BC	北京大学考古文博学院
	上山F2	夹炭陶	8 740±110	7960BC（68.2%）7600BC	8250BC（95.4%）7550BC	北京大学考古文博学院
	上山⑥	夹炭陶	8 620±160	7950BC（67.2%）7520BC	8250BC（95.4%）7300BC	北京大学考古文博学院
	庙山⑧	夹炭陶	9 804±45	9292BC（68%）9250BC	9336BC（95.4%）9215BC	Rafter
中期	桥头F1③	稻米	7 985±50	7029BC（46.1%）6982BC 7085BC（13.1%）7054BC	7126BC（67.6%）6970BC 6835BC（12.5%）6776BC	北京大学考古文博学院
	桥头F1①	稻米	8 010±40	6920BC（25.2%）6858BC 6834BC（23.8%）6778BC	7010BC（94.2%）6721BC 6666BC（1.2%）6654BC	北京大学考古文博学院

① 本表碳14年龄依照原实验室文本，采用BP（距今）、BC（公元前）两种标示方法，其中树轮校正年龄择列部分代表性数据。

② "单位"指测年样品所在的地层单位，H指灰坑，F指房址。数字为遗迹的编号或层位。

续　表

分期	单位	样品物质	碳14年龄(BP、BC)(T₁/₂=5 568)	树轮校正年龄		实验室
				1σ(68.2%)	2σ(95.4%)	
中期	桥头 ST1H14①	炭屑	8 045±50	7074BC(27.8%)7020BC 6883BC(19.3%)6831BC	7141BC(4.0%)7096BC 7090BC(91.4%)6771BC	北京大学考古文博学院
	荷花山④	炭屑	7 875±45	6801BC(3.2%)6791BC 6776BC(65.0%)6646BC	6916BC(4.7%)6880BC 6842BC(83.7%)6606BC	北京大学考古文博学院
晚期	湖西 ST3H10	残稻片	7 730±25	8545BP(68.2%)8456BP	8581BP(95.4%)8430BP	北京大学考古文博学院
	湖西 ST3⑥	果实	7 780±30	8594BP(68.2%)8543BP	8608BP(95.4%)8455BP	北京大学考古文博学院
	湖西 ST3⑦	果实	7 815±30	8608(68.2%)8554BP	8645BP(95.4%)8540BP	北京大学考古文博学院

① 桥头 ST1H14，意即桥头遗址1号试掘探方14号灰坑。ST指试掘探方，T指探方。

采用距今11 000多年的数据。目前，在不同的语境中，存在这两种介绍方式并用的现象。

中期、晚期的测年用品多为炭化稻米或炭屑，误差率小，分别定为距今9 000年前后与距今8 500年前后。

（三）分期

上山遗址的地层关系提供了上山文化的分期依据。遗址南区⑧至⑤层为上山文化层，⑧至⑥层出土夹炭红衣陶系的大口盆、环状双耳罐与⑤层出土的夹细砂红衣陶平底盘、扁平双耳罐存在较大差别，成为早、中分期的判断基础。[①]中期类型的陶器在湖西遗址、桥头等遗址屡有发现，初步分期得到确认。[②]后又在湖西遗址南区发现与该遗址北区不同的遗存，这类遗存以尊形折肩罐、矮圈足碗形器和更为低矮的平底盘为特征。从测年看，湖西遗址南区更晚于北区。后来，湖西遗址南区的遗存类型又在永康长城里遗址再次发现。

至此，主要根据陶器类型及其组合的形态变化，将上山文化暂分为三期[③]（表3-2）。

1. 早期

包括的遗址有：上山遗址、庙山遗址、大公山遗址、太婆山遗址。夹炭红衣陶占绝对多数，普遍掺杂稻壳，少量粗泥（细砂）。器形以大口盆为主，无器耳或单侧横置桥型大耳，大口盆的唇、沿部特征变化较多，如三角唇、多角沿等，以及腹壁内收的特征更

---

① 浙江省文物考古研究所、浦江博物馆：《浦江上山》，文物出版社，2016年。

② 浙江省文物考古研究所发掘资料。

③ 《钱塘江流域的早期新石器时代及文化谱系研究》，《东南文化》2013年第6期。

表3-2   上山文化陶器的分期变化

大口盆	平底盘	双耳罐	壶形双耳罐
早期			
中期			
晚期			

圈足盘	碗	圜底罐	圈足罐	折沿罐	壶

多出现。双耳罐同样为夹炭陶，器身矮胖，环耳突出，位置接近口部。这两种器物是上山文化早期最典型的陶器，其他还见有圈足器、杯形器等（图3-64）。

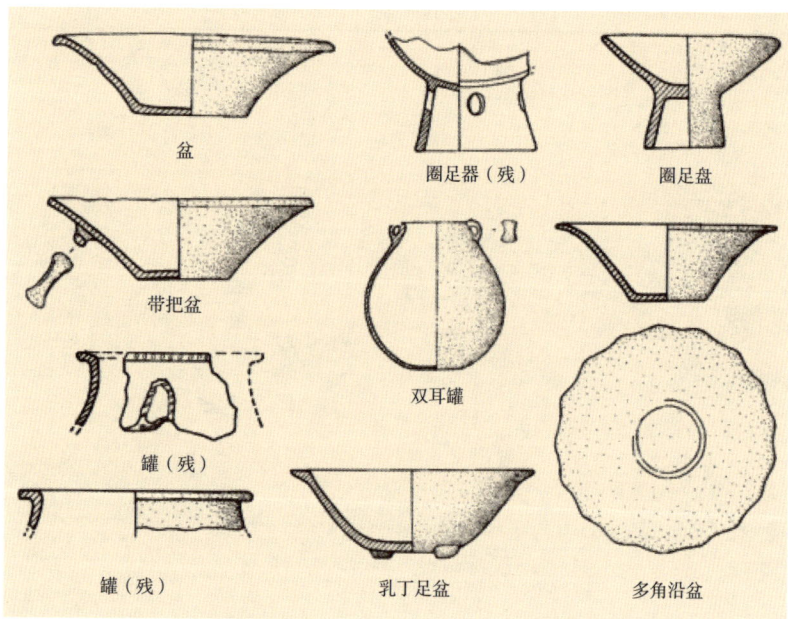

▲ 图3-64　上山文化早期陶器

　　早期遗存的测年数据来自上山遗址、庙山遗址等，下限距今约9 500年，上限超过11 000年。年代可定在距今10 000年前后。

2. 中期

　　遗址数量最多，包括：上山遗址、小黄山遗址、荷花山遗址、青碓遗址、山下周遗址、湖西遗址、桥头遗址、下汤遗址。夹炭陶比例下降，主要见于大口盆一种器物。粗泥红衣陶、夹细砂红衣陶占主要地位。大口盆的桥形耳变小、部分器耳竖置或演变为舌形錾手。罐的种类多样，最具特征的是扁耳、贴耳的壶形双耳罐。置横向贴耳的平底盘也是典型器物。总体的陶色依然是红（黄）色，纹饰延续上期，圈足的镂空除圆形外，还出现方形、三角形等形状，见少量绳纹，出现最早的彩陶。中期遗存的测年数据来自上山遗址、桥头遗址、荷花山遗址等，下限约距今8 600年，上限距今约9 200年（图3-65）。中期年代定在距今9 000年前后。

　　中期遗存存在继续分期的可能，荷花山遗址、小黄山遗址偏

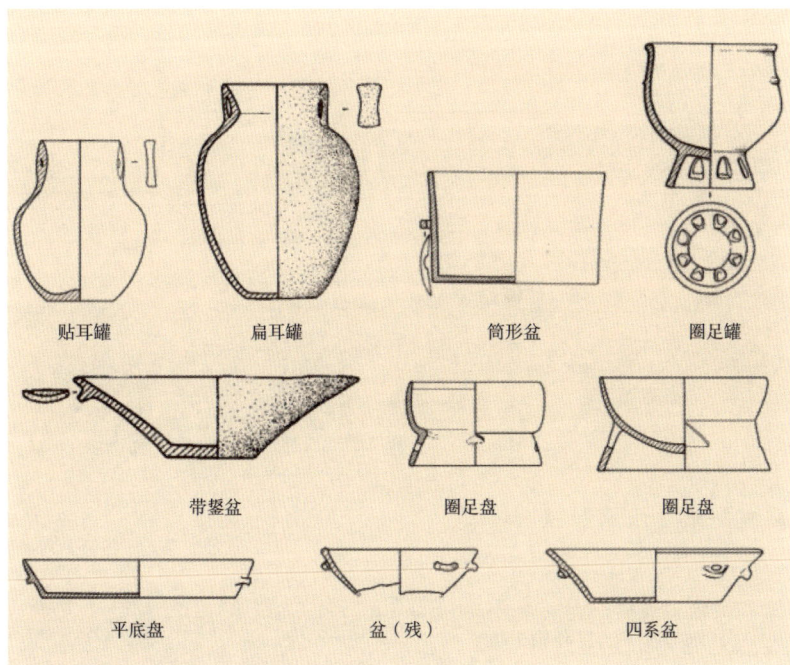

| 贴耳罐 | 扁耳罐 | 筒形盆 | 圈足罐 |

| 带錾盆 | 圈足盘 | 圈足盘 |

| 平底盘 | 盆（残） | 四系盆 |

▲ 图3-65　上山文化中期陶器

早，桥头等遗址偏晚。[①]

3. 晚期

遗址包括湖西遗址、长城里遗址和峙山头遗址[②]，义乌桥头遗址也发现晚期遗存。与前期相比，陶色总体变灰暗，灰色和黑色的陶器增加，夹砂陶的比例明显变高，绳纹釜形器少量出现。典型器物有：折颈折肩罐，碗形器，竖领直口双耳罐，无横向贴耳、比上期更为低矮的平底盘和盆等。晚期遗存的测年数据来自湖西遗址等，年代确定在距今 8 500 年前后（图3-66）。

上山文化的分期工作还是初步的，随着遗址的不断发现与发掘，文化内涵也必然会进一步丰富。尤其是上山文化分布区内还存

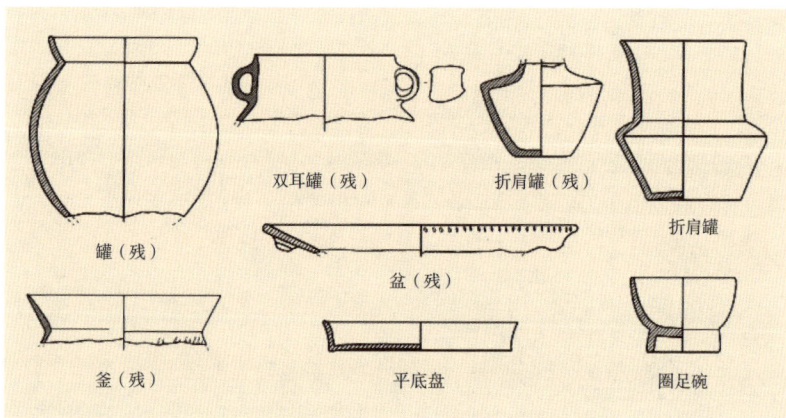

罐（残）　　双耳罐（残）　　折肩罐（残）　　折肩罐

釜（残）　　盆（残）　　平底盘　　圈足碗

▲ 图3-66　上山文化晚期陶器

---

① 张枫林、林森：《从龙游荷花山遗址东区的陶器类型谈对上山文化分期的新认识》，《江汉考古》2021年第1期。

② 浙江省文物考古研究所、临海市文物保护管理所：《浙江临海峙山头遗址调查与试掘简报》，《东南文化》2017年第1期。

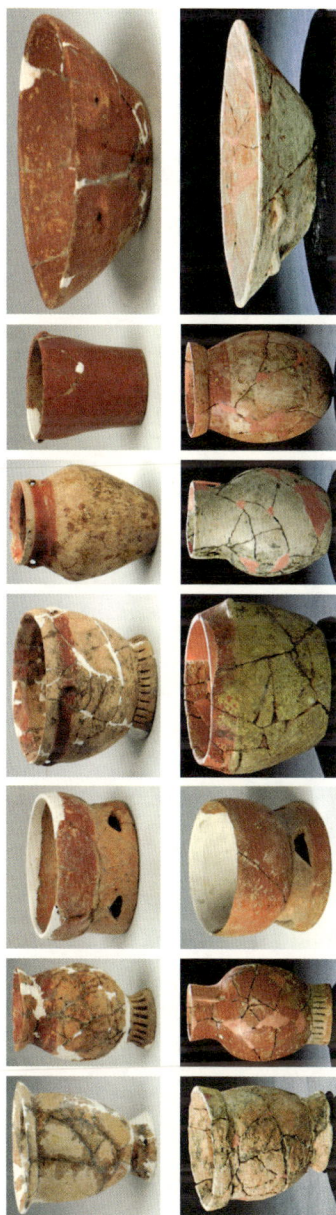

▲ 图3-67　桥头遗址与下汤遗址陶器的比较（上排：下汤遗址；下排：桥头遗址）

在着文化类型的分区现象，比如下汤遗址与桥头遗址均存在丰富的中期遗存，陶器的类型特征也有共同点，但也存在差异性（图3-67）。纹样比较复杂的乳白彩在桥头遗址多见，但不见于下汤遗址。下汤遗址的深腹直口平底双耳罐颇有特色，圈足壶形罐数量更多。这种分区特征必然带来不同区域之间的文化因素传播问题，因此，只有进行分区与分期的综合研究，才能更好地认识上山文化的发展脉络。

考古小知识

陶系

考古学术语，一般合指陶质与陶色。在进行类型分析时，用来描述陶器的材质与颜色特征。夹炭红陶、夹砂灰陶等概念，就是一种陶系描述。

夹炭红衣陶

陶泥羼有植物，又称植物陶，高温烧制后陶胎呈黑炭状，故称夹炭陶。陶衣是指陶器表面的装饰性涂层，过火经氧化反应呈红色，因称红衣。据检测，红衣的性状与涂料矿物质含铁量高也有关系。

泥质陶

泥质陶是一种陶系分类，陶器的胎泥较细腻，不含砂、植物等其他物质，称为泥质陶，泥质陶也可分为泥质红陶、泥质灰陶、泥质黑陶等。

夹砂陶　　　陶泥羼砂，故称夹砂陶。

混合质　　　特定研究项中的用词，意指陶器胎质矿物成分复杂。

陶器制作方法　　　捏塑法是制陶的原始方法，直接用手将陶泥捏制塑形，做成一种器物。

泥片贴筑法是一种传统的制陶工艺。具体操作是将泥料先搓成泥条压成泥片，然后经过捏制、拍打和滚压使泥片粘贴在一起筑成坯体。

泥条盘筑法是将泥料做成泥条，然后从下往上盘绕成形，再用工具抵压抹试仔细加工。

捏塑法、泥片贴筑法、泥条盘筑法，都是新石器时代陶器成型的主要方法。一般认为，捏塑法最原始，泥片贴筑法其次，泥条盘筑相对最先进。但在特定阶段，不同工艺可能并存。

器物描述用语

在考古学中，一件器物可分为口、颈、肩、腹、底、足、耳等部位。常用的器物描述用语包括直口、敞口、敛口、溜肩、折肩、深腹、斜腹、卵腹、圜底、平底等。本章涉及的主要描述用语如下。

敞口器：一般指口大底小的斜腹陶器。

卵腹圜底：圜底，即圆底。卵腹圜底，指蛋卵状器型，底圆而腹深。

折肩：器物肩部可分为溜肩、折肩等，折肩是指器物的肩腹之间形成折角。

深腹敛口：深腹，指容器较深。敛口相对于敞口，指口沿直径小于器物肩、腹部。

圈足：指器物底部以一个圆形圈来托起器身。

绳纹

绳纹是新石器时代陶器的常见的拍印纹饰，陶拍上缠上绳子，在坯体上拍印而成。

| 涂敷层 | 上山文化陶器的一种工艺现象，即陶衣底下另有一层黄色涂料，作为施敷红衣的基础涂料，为的是红衣表面更加光滑平整，也可称之为化妆土。 |

| 打制石器 | 石器时代的石器总分为打制石器和磨制石器，打制石器主要存在于旧石器时代，磨制石器则是新石器时代的标志。打制石器是通过锤击法、砸击法等方法制作的石器。打制石器的表面或刃部都没有经过磨光。 |

| 砾石石器及石片石器 | **砾石石器：**利用自然石块琢打、加工而成的较大型石器，往往部分保留砾石的自然形态，如本书中的石磨盘、石球、穿孔石器等。

石片石器：打制石器的一种。利用特殊工艺从石料上剥离的石片，进行二次加工后形成的石器，叫石片石器。石片石器和石核石器是概念组合。石料反复剥片后留下的母体，叫石核；石核再加工就成为石核石器。 |

石器制作方法

锤击法是一种打制石器的重要制作技术，通过直接打击石核剥取石片，进而加工成各种工具。

砸击法是将石核一端垂直放于石砧之上用石锤垂直打下石片，进而加工成各种工具。

间接打击法是在打击物与被打击物之间垫放一个传递力的物体（如石块、木棒等），通过击打这个物体产生石片，这种方法能够产生较小、较完整的石片。

地层学

这里所指为考古地层学。这是一种通过判定遗址中诸堆积形成的先后过程或次序来研究遗存之间相对年代早晚关系的一种方法。一般通过土质、土色来区分不同的堆积，达到分层的结果。

第四章

食稻族群

一粒深埋在土壤深处的炭化稻米，

几块掺杂了谷糠碎壳的陶片，

代表了人类的智慧，记录了一场遥远的革命。

从此，一种寻常的禾本科植物，

在南方无垠的大地上「疯狂」地生长。

今天，它养育着世界近一半的人口。

上山文化内涵的一个特殊的方面，是关于生业经济的。民以食为天，上山先民以何为生？这是一个重要问题。对此，考古学家已经作了较为深入的研究。

作为新石器时代早期遗址，延续旧石器时代传统的采集和狩猎，是上山文化经济的重要部分。

通过对淀粉粒、植硅体的鉴定以及石器微痕分析，上山遗址发现有菱角、橡子、水稻的淀粉粒或植硅体，黍族、小麦族的植硅体以及虎尾草、莎草、芦苇等植物种类[①]，湖西遗址发现有水稻、狗尾草、马唐、野黍、夏枯草、莎草科、芡实、蓼科等[②]。动物资料在上山遗址有少量发现，计有猪、鹿、啮齿类及鸟、鱼（均无法鉴定种属）等。

石磨盘、石磨棒上橡子、菱角和薯蓣类块茎植物淀粉粒的发现，证明这些石器用于淀粉的加工，是生计的重要方面。橡子淀粉在大口盆中也有发现，食用可能更具普遍性。[③]

总体来说，上山文化所在的历史时期为全新世大暖期，气候温

---

① 杨晓燕、傅稻镰、郇秀佳等：《一万年前稗草和水稻一起被加工》，*Scientific reports*, 2015, 5, 16251.doi:10.1038/srep16251。王佳静、蒋乐平：《上山遗址石片石器微痕与残留物初步分析》，《南方文物》2016年第3期。

② 郑云飞、蒋乐平：《稻谷遗存落粒性变化与长江下游水稻起源和驯化》，《南方文物》2016年第3期。

③ 刘莉、玖迪斯·菲尔德等：《全新世早起中国长江下游地区橡子和水稻的开发利用》，《人类学学报》，2010年第29卷第3期。Wang jiangjing, Jiang leping: Intensive acorn processing in the early Holocene of southern china. *Theholocene*, 2021(31).

暖，推测当时的气候水热组合条件与现今相当。古人类通过渔猎、采集手段获取食物资源，同时，农业开始萌芽。①

一、栽培稻遗存

　　植物栽培是农作物驯化的开端，农作物的驯化是一个长期的、多阶段的过程，一般可分四个阶段：A. 野生植物食物采集（真正的采集）；B. 野生植物食物生产（种植的开端）；C. 系统栽培（形态近似野生植物）；D. 基于栽培驯化植物的农业。栽培驯化使人类社会从早期的野生植物食物生产向系统栽培食物生产发展。②

　　最新研究表明，早在10万年前，野生水稻就已在钱塘江流域的上山文化分布区分布；约2.4万年前，人类开始采集并利用野生水稻；约1.3万年前，人类有意或无意地对野生水稻进行驯化前的栽培；约1.1万年前，稻作农业出现。③（图4-1）

　　上山文化水稻的栽培驯化证据是多方面的。

　　上山遗址出土的夹炭陶器中，羼和大量的稻壳。稻壳中保留的小穗轴特征证明了上山文化水稻开始驯化。观察小穗轴形态特征是判断考古遗址出土的稻谷遗存属于栽培稻抑或野生稻的重要依据。稻谷成熟后，野生稻自然脱粒，基盘面光滑；栽培稻，尤其是粳稻

①　蒋乐平、林舟、仲召兵：《上山文化——稻作农业起源的万年样本》，《自然与文化遗产研究》2022年第6期。

②　郑云飞、蒋乐平、Gary W. Crawford：《稻谷遗存落粒性变化与长江下游水稻起源与驯化》，《南方文物》2016年第3期。

③　Zhang et al, Rice' trajectory from wild to domesticated in East Asia, *Science*, 384, 901-906 (2024) 24 May 2024.

全新世 暖/湿　YD BA　晚更新世 冷/干

10　　　　　　　20　　　　　　　30 kyr

驯化　　前驯化栽培（野生稻）　野生稻采集　野生稻分布

▲ 图4-1 水稻演化示意图

落粒性最弱，即使用人力脱粒处理，谷粒也难以从基盘面脱落，在基盘上往往带有小枝梗或小枝梗残基，被称为小穗轴。小穗轴特征不仅是区分野生稻和驯化稻的最佳标准，也是区分栽培稻两个亚种的重要指标。在上山遗址掺和料颖壳中，发现了具有野生稻特点的小穗轴和具有粳稻栽培稻小穗轴特征的颖壳。陶片中还找到了可用于测量的颖壳，测量参数比较接近栽培稻特征。由此可见，遗址出土的古稻不仅有近似野生稻类型，也有近似现代栽培粳稻的类型，可能是处于驯化初级阶段的原始栽培粳稻。[①]

到了上山文化中晚期，小穗轴所体现的栽培特征更为确定（图4-2，表4-1）。距今9 000—8 400年的浙江永康湖西遗址出土的稻谷小穗轴，可观察的样本更为丰富，结果显示既有野生型也

① 郑云飞、蒋乐平：《上山遗址古稻遗存及其意义》，《考古》2001年第9期。

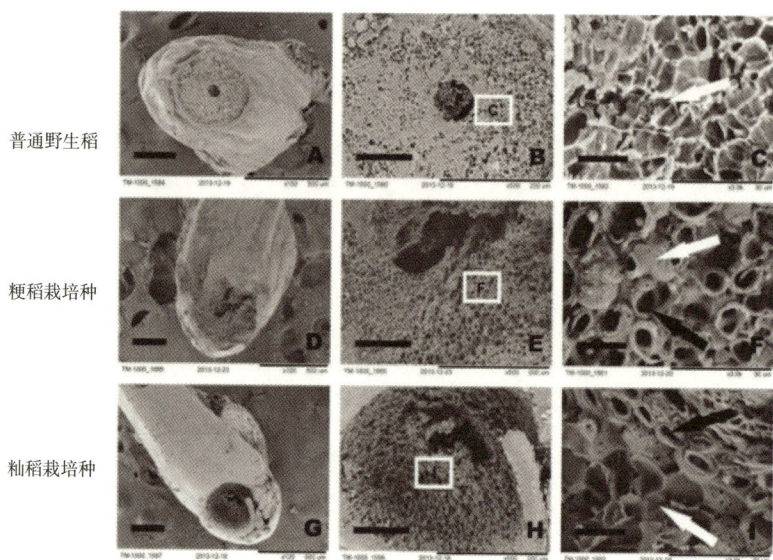

▲ 图4-2　湖西遗址出土的稻谷小穗轴观察

表4-1　湖西遗址出土的稻谷小穗轴统计

地层和遗迹	小穗轴数量	小穗轴基盘类型		
		野生型	中间型	粳　型
J1	24	18	2	4
H2	78	43	28	7
H8	23	15	8	0
ST3⑤	1	1	0	0
合　计	126	77	38	11
百分率%	100	61.2	30.1	8.7

有栽培型，以野生型为多，这表明新石器时代早期已经栽培水稻，但带有很多野生祖先种习性。稻谷遗存的野生型和中间型的小穗轴基盘出现小枝梗残基，有向现代粳稻演化的特征但不发达，表明粳稻是长江下游地区原始栽培稻的驯化方向。[①]

北京大学的一项最新研究表明，桥头遗址驯化型小穗轴的比例更高。同时期水稻驯化比例在不同遗址有所差别，值得进一步研究。[②]

水稻植物硅酸体分析也证明上山文化稻谷经过了驯化。目前，研究者利用水稻扇形植硅体的形态特征和表面纹饰，已经建立起野生稻和驯化稻的判定标准。植硅体分析法已经成为稻作起源和水稻驯化考古学研究的重要方法之一（图4-3）。根据水稻扇形植硅体鱼鳞状纹饰数量的变化规律可以得出结论，上山文化早期，也就是距今11 000—10 000年前，水稻驯化已经开始（图4-4）[③]。

上山遗址、下汤遗址、桥头遗址、湖西遗址等普遍浮选出炭化米粒。证明水稻的栽培与利用，在上山遗址群中已经普遍出现（图4-5、6）。

有研究者认为，上山人在利用与管理水稻的同时，也在利用与管理同样生长于湿地环境的其他植物，如稗草，后来水稻脱颖而

---

①　郑云飞、蒋乐平、Gary W. Crawford：《稻谷遗存落粒性变化与长江下游水稻起源和驯化》，《南方文物》2016年第3期。最新成果表明，桥头遗址具有驯化特征的小穗轴比例更高（北京大学，待刊）。

②　邓振华等：《上山文化稻作农业起源研究新进展》，待刊。

③　郇秀佳、李泉、马志坤、蒋乐平、杨晓燕：《浙江浦江上山遗址水稻扇形植硅体所反映的水稻驯化过程》，《第四纪研究》2014年第1期。Yan Wu, Leping Jiang, Yunfei Zheng , Changsui Wang , Zhijun Zhao. Morphological trend analysis of rice phytolith during the early Neolithic in the Lower Yangtze, *Journal of Archaeological Science*. 2014(49): 326–331.

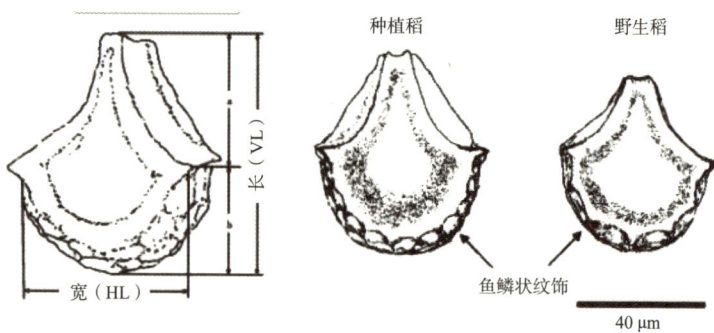

长（VL）
宽（HL）
种植稻
野生稻
鱼鳞状纹饰
40 μm

▲ 图4-3　植硅体分析

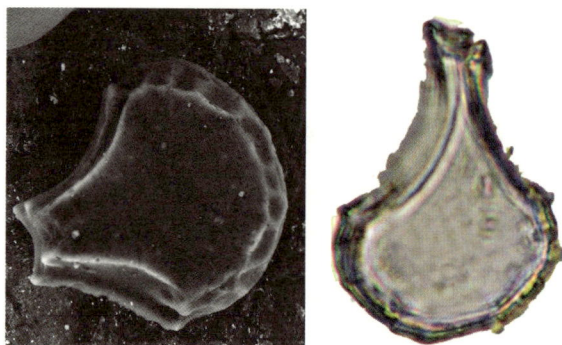

▲ 图4-4　湖西遗址水稻扇形植硅体（左）和上山遗址水稻扇形植硅体（右）

◀ 图4-5　上山遗址出土的炭化稻米

◀ 图4-6　桥头遗址出土的
炭化稻米

出，成为最受青睐的谷物。这可视为稻作早期模式的一种启发。[①]

二、水稻的收割和脱粒工具

上山遗址早期陶片中，发现有稻叶运动细胞硅酸体。这表明，先民在制作陶器时羼入颖壳的同时，也带入少量的稻叶。这一现象说明，水稻的收割行为已经出现。从民族学的资料看，在采集野生稻阶段，采用的是敲打的方式收获籽粒；稻子被人类栽培驯化后，收获则采用摘穗的方法。由于在摘（割）穗收获栽培稻时，稻穗和叶子一同收获，在脱粒和加工过程中难免会混入稻叶的残片。

对石片石器的植硅体和微痕分析证明了上述判断。

在抽样选取的上山遗址石器中，石器的刃部普遍发现水稻植物硅酸体。高倍显微镜发现的微痕显示，上山遗址出土的镰形器、石

① 杨晓燕、傅稻镰、郇秀佳等：《一万年前稗草和水稻一起被加工》，*Scientific reports*, 2015, 5, 16251. doi:10.1038/srep16251。

片石器的刃部，存在特有的禾本科植物摩擦痕迹，这被称为"镰刀光泽"。[①]有理由认为这些石器是水稻收割工具（图4-7）。

▲ 图4-7　高倍显微镜下的"镰刀光泽"

尽管这项研究的样本数量较小，但结果已证明上山文化时期人类已经出现对水稻的收割行为，表明人类对水稻的生长进行了干预。从微痕判断，收割行为可能采用掐穗的方式（图4-8）。

▲ 图4-8　石器上发现水稻"割"痕的位置

①　王佳静、蒋乐平：《上山遗址打制石器微痕与残留物初步分析》，《南方文物》2016年第3期。

水稻植硅体也出现在遗址中出土的大量石磨盘和石磨棒上。[①]
实验考古表明，使用石磨盘和石磨棒为谷粒脱壳效果非常明显，这
证明这两种石器是当时的碾磨脱粒工具（图4-9）。

◀ 图4-9 石磨盘脱粒实验

三、水稻的食用与酒

上山文化夹炭陶中的稻壳羼和料，大多是脱粒取米后的碎壳。
没有一定的稻谷积聚，在陶器制作中就不可能采用稻谷颖壳作为
主要的羼和料。实际上，这些羼和的碎稻壳就是最早的谷糠（图
4-10、11、12）。据统计，上山文化陶器普遍发现羼和稻壳的现
象，上山遗址陶器中羼和稻壳的比例达80%以上，荷花山遗址、
庙山遗址、太婆山遗址、大公山遗址、小黄山遗址等早中期遗址
都有存在。这说明，稻米的食用，从上山文化早期开始，就已经

---

① 王佳静、蒋乐平：《上山遗址打制石器微痕与残留物初步分析》，《南方文物》
2016年第3期。

▲ 图4-10　陶胎羼和碎稻壳遗存（上山遗址）

▲ 图4-11　烧土中的稻壳（上山遗址）

▲ 图4-12　陶器表面的稻壳特写（荷花山遗址）

成为普遍现象。

　　到了上山文化中期，稻米的食用方式更具备多样化倾向。义乌桥头遗址"中心台地"出土的多件陶器中发现米酒残迹。对十件陶器标本进行淀粉粒、植硅体、霉菌、酵母细胞的残留物分析，结果显示，有九件器物标本曾用于储存酒（或发酵饮料），其中包括六件陶壶、两件陶罐和一件陶盆。酿酒的原料包括水稻、薏米和块根植物。这些器物的淀粉粒具有发酵过程特有的损伤特征。同时，这些器物的残留物中包含了大量的霉菌和酵母细胞，部分霉菌与曲霉或根霉的形态特征相符，酵母大多为圆形和椭圆形，显示有芽殖状态。植硅体残留物中包括水稻颖壳和茎叶，以及其他草本植物的植硅体。综合多种残留物的分析结果，桥头遗址陶器内所储存的可能是一种原始的曲酒。上山人利用发霉的谷物与草本植物的茎叶谷壳，培养出有益的发酵菌群，再加入水稻、薏米和块根作物进行发酵酿造。[①]

桥头遗址发现的酒是迄今发现的最早的"米酒"（图4-13）。

从上述证据可知，稻作文化已经成为上山文化的基本特征和核心内容。

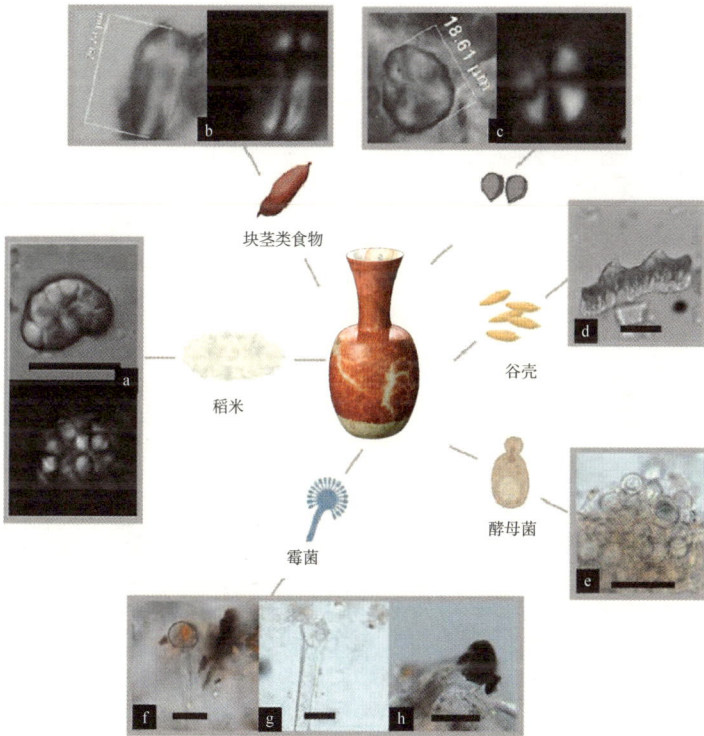

▲ 图4-13 迄今发现的最早"米酒"（桥头遗址）

① Wang jiajing, Jiang leping, Sun hanlong: Early evidence for beer drinking in a 9000-year-old platform mound in southern China Plosone（美）htpps//doi.org/10.1371/gournal.pone.0255833 August 12 (2021) 1-20.

考古小知识

小穗轴、颖壳

小穗轴是稻谷与稻秆小枝梗的连接部位。野生稻谷成熟后自然脱粒，小穗轴的表面是光滑的。栽培稻失去了自然脱落的生物特性，其小穗轴就会出现人工脱离的疤痕。因此，小穗轴特征观察已成为鉴别野生稻和栽培稻的重要方法。

颖壳，即谷壳，是谷粒外包的保护壳。

植物硅酸体分析法

植物硅酸体，简称植硅体。这里所指是水稻根系吸收土壤中的二氧化硅，在水稻细胞内沉淀下来，形成非晶质二氧化硅颗粒。水稻的各个部位都可以产生植硅体，其中叶片中产生的数量最大。研究表明，野生稻和栽培稻的植硅体形状发生了变化。比如，驯化稻植硅体的鱼鳞纹通常大于9个，而野生稻则少于9个。植硅体分析法已成为鉴别野生稻和栽培稻的重要方法。

浮选

浮选法，又叫水浮选法，是植物考古学的田野工作方法，是获取炭化植物遗存的有效方法。工作原理是炭化植物遗存质量较轻，比重小于水可以脱离土壤浮出水面。

第五章

炊烟升处

一根根木头，搭建出简陋的房子，
从洞穴走出的人们，开始在这里聚集。
他们种植，他们也捕鱼、狩猎、采集，
一个原始的聚落出现了。
一缕炊烟，这是东亚旧大陆的第一缕炊烟
在神奇的上山之所缥缈升起，
微醺了数千年的江南乡野。

上山文化遗址群分布于河谷盆地边缘的山前台地，并深入盆地的中央（图5-1）。值得注意的是，在金衢盆地周围的山脉中，发育有石灰岩溶洞，但没有发现同时期的洞穴遗址，没有发现拟想中的季节性迁居的遗存现象。这说明上山文化已经告别了山林洞穴的生计模式，开始了完全的定居。

▼ 图5-1 下汤遗址的地貌位置

一、定居证据

上山遗址早期出现了数量较多的柱洞遗迹和带沟槽基础的建筑基址（图5-2），中期更见有长14米、间距3米、总宽度6米的排列整齐的柱洞遗迹（图5-3）。[1]荷花山遗址也发现有规律的柱洞分布。[2]柱洞所指示的建筑往往是地面式的或干栏式的，在江南地区中、晚期新石器时代遗址中十分普遍。这种居住模式在上山文化时期已经基本确立。

▲ 图5-2   上山遗址F2

---

① 浙江省文物考古研究所、浦江县博物馆：《浦江上山》，文物出版社，2016年。
② 蒋乐平、雷栋荣：《万年龙游》，中国文史出版社，2016年。

▲　图5-3　上山遗址F1

　　在上山文化诸遗址中，陶器的类型和数量非常丰富，已经接近中晚期新石器时代遗址的水平。遗址中出现了大量的柱洞、灰坑等遗迹现象。这是长期定居所伴生的现象（图5-4）。

　　小黄山遗址中，发现一些长方形土坑，有成组器物埋藏，推测是墓葬（图5-5）[①]。上山遗址中，也出现埋藏完整陶器的"器物坑"遗迹，但"器物坑"的形状不规则，难以判定为墓葬，或属于祭祀类的遗迹（图5-6）。

---

① 　浙江省文物考古研究所：《浙江考古新纪元》，科学出版社，2009年。

▲ 图5-4 主发掘区

▲ 图5-5　小黄山遗址"器物坑"

▲ 图5-6　上山遗址"器物坑"
1—5.陶盆（其中5号陶盆被1号陶盆覆盖）；6.陶罐；7.小陶盆

　　上山文化的遗址面积，一般为3万—5万平方米。

　　到了距今9 000年前后的上山文化中期，上山文化的定居生活发展到了一个更高的水平，显著的标志是环壕的出现，这也是东亚地区迄今发现的最早的环壕。经过发掘和调查，发现环壕的有小黄山、皇朝墩、下汤、湖西、园上和桥头等遗址（图5-7、8）。环壕象征了村落防卫措施的出现，背后反映的是农业社会对土地的拥有意识，这也是定居社会形成的直接证据。

▼　图5-7　小黄山遗址环壕遗迹

▲ 图5-8　发现环壕遗迹的桥头遗址

　　环壕不但可以起到护围村落的作用，而且用以突显与拱卫重要遗迹，这主要见证于义乌桥头遗址。

　　桥头遗址发现"环壕—中心台地"结构的大型遗迹，东、南、北三面为人工环壕，四面遭河流冲刷破坏。环壕的深度达3米，截面呈口宽底窄形，上宽近10米。环壕所包围的中心台地不完整，推测呈边长40米的近正方形（图5-9、10）。中心台地发现"柱洞"组合墓葬、红烧土堆和"器物坑"（图5-11）。"器物坑"中陶器复

▲ 图5-9 桥头遗址"环壕—中心台地"遗迹

▲ 图5-10　桥头遗址东南角环壕局部

▲ 图5-11　桥头遗址"器物坑"

原率高，部分呈较完整状或原地破碎状，陶器精美，彩陶比例高。根据总体特征判断，"环壕—中心台地"遗迹的性质为举行仪式性活动的专门区域。调查表明，遗址生活区位于环壕东、南侧的一片面积数万平方米的区域，这种普通生活区和仪式活动区分开的村落布局，证明一种初步复杂化的聚落存在。

桥头遗址发现墓葬三座，保存较好的 M44 为长方形土坑竖穴墓，侧身屈肢一次葬，腰部随葬红衣陶罐一件（图 5-12）。具有一定葬仪的墓葬在遗址的出现，也反映了一定的定居模式。

▲ 图 5-12 桥头遗址 M44

上山文化的定居特征，需要特别关注的是"器物坑"。"器物坑"是一种有待进一步深入研究的考古现象，但初步判断其与聚落定居社会有密切联系。

从早期开始，"器物坑"就出现于上山遗址，大口盆等器物大都发现于"器物坑"。这些"器物坑"在遗址中的分布并非随意，而是有一定规律。比如上山遗址南区"器物坑"发现较多，北区则不见。到了中期，更出现规范的布局。比如桥头遗址的"器物坑"集中出现在"中心台地"。有研究者试图从季节性迁居的"器物埋藏"行为作解释，但并不符合实际情况。[①]

从早期上山遗址"器物坑"的规律分布，到中期桥头遗址"器物坑"在"中心台地"的集中出现，"器物坑"现象在上山文化中具有其内在的发展逻辑。桥头遗址"器物坑"出土大量精美的陶器——可以说，上山文化迄今发现的最重要的彩陶，均发现于桥头遗址的"器物坑"中。值得注意的是，这些陶器中确证有较多的酒器。酒器、彩陶纹饰中"太阳纹"和其他神秘图符以及墓葬的发现，反映了这些遗存之间存在相关性，喻示着某种仪式和信仰体系的存在。从"器物坑"到"中心台地"，反映了仪式活动固定化、程式化的变化过程。

以上山、桥头等遗址为代表的上山文化聚落群，证明钱塘江附近地区早期新石器时代人类，率先进入了"初级村落"的历史发展阶段。

二、村落与农业起源

上山文化的聚落定居现象，从稻作农业起源的认识角度，具备如下两个方面的含义。[②]

第一，聚落定居是农业起源更确凿的判断依据。

在追溯稻作农业起源时，田野考古学所追求的证据，最直接的是稻遗存的发现，其次是稻的驯化现象。但随着农业起源理论的多元化，对"农业起源"的研判也渐趋客观。显然，要确定某

---

① 蒋乐平：《"器物坑"与上山文化——兼谈考古学的非对称性解释》，《中国文物报》2020年1月17日第八版。

② 蒋乐平：《上山遗址与村落形成探源》，《光明日报》2017年1月5日第十三版。

个"时间点"，作为稻作或稻作农业的开始，很难，因为这必然是一个实践和渐变的过程；要找到某一个遗址，代替那个不容易确定的"时间点"，同样困难。那么，一个具有农耕特征的"遗址"——而不是少量炭化稻米或显微镜下的水稻植硅体——只要它的年代"最"早，即可在"源头"的方向对其进行意义的认定。"初级村落"概念的特殊之处，在于它超越了对水稻"栽培"和"驯化"的简单认定，而与"农耕""对土地的要求和管理"联系起来，从而与"农业起源"问题更直接地捆绑在一起，这是一种在实证意义上进行稻作农业起源研究的新角度、新尝试。

在2016年的"纪念上山文化命名十周年暨稻作起源国际学术研讨会"上，专家们将上山文化的聚落定居称为"初级村落"，严文明先生的"远古中华第一村"题词，也具有同样的意义。

第二，上山文化是稻作起源的万年样本。

实际上，上山文化稻作"起源"的认定，所着眼的，是农业起源革命性意义的角度。

农业起源是一场"革命"，这个概念自柴尔德提出后，已经成为共识。既然"起源"就是一场"革命"，那么，"起源"必须呈现革命性的成果。这种成果由一种既有确凿内涵，又有一定时段可供深入观察的"考古学文化"来体现，是最理想的。上山文化正是体现这一"革命"成果的万年样本。

开花结果，而不是转瞬即逝的烟花星火，是我们观察与理解"起源"的着眼点。

这是因为，距今10 000年的上山遗址并不是"最早"的新石器时代遗址，甚至也不是"最早"的发现稻遗存的遗址。江西仙人洞、湖南玉蟾岩遗址年代更早，这两个遗址也均报道过稻遗存的发现[1]，学术界也曾试图从"起源"的意义上去进行认识。但除了稻遗存单薄、容易引起具体学术证据的争议这一点之外，最大的不足是这些洞穴遗址并没有因为"稻"的出现改变自旧石器时代延续下来的穴居形态。也就是说，它们没有体现农业起源这一革命性事件对人类生活所产生的影响。民族学资料证明，一些开始从事农业活动的原始族群，后来又退回到采集狩猎者的行列。很难讨论发现了稻遗存的仙人洞、玉蟾岩是否属于这种后来退化了的文化类型。

上山文化正是人类走向稻作文明的第一个脚印。这是考古实证，是遗存所揭示的客观事实。在稍后的时间里，长江中下游的诸多区域，包括靠北的江淮地区的一批旷野遗址中开始出现同样的迹象，这些遗址包括以彭头山遗址为代表的洞庭湖西北区遗址群、以城背溪遗址为代表的长江中游干流沿岸区遗址群和以贾湖遗址为代表的淮河流域遗址群。虽然目前还难以确定江淮地区的早期农耕文化之间发生了直接的联系，但上山文化无疑是东亚大陆开启农耕文化时代的标志。

上山文化遗址群也是早期农业遗址中规模最大、分布最密集的遗址群。这证明在稻作农业诞生的背景下，所属族群在长期定居的基础上获得了壮大和发展。彩陶的最早出现，也体现了与农业活动

---

① 袁家荣：《湖南道县玉蟾岩1万年以前的稻谷和陶器》，严文明、安田喜宪主编《稻作、陶器和都市的起源》，文物出版社，2000年。《仙人洞与吊桶环——华南史前考古的重大突破》，《中国文物报》2000年7月5日。

相关的意识形态、知识体系与艺术观念领先一步萌芽、诞生的文化现象。

遗址群的规模是上山文化最重要的要素，它表明了一种新颖经济关系对聚落社会的稳定的支撑，从而形成早、中、晚期的发展脉络。

由此可以得出三点简单的结论。第一，上山稻作包括栽培、收割、脱粒加工和食用的系列内容，一种崭新的农耕行为体系已经初步形成；第二，走出洞穴，占领、定居于新石器时代活动中心的旷野地带，这标志着一个时代的真正开始；第三，上山稻作是一种没有中断并呈现稳定进步的文化现象，随着上山文化的发展而传播。一种生业经济行为，与一个群体的生存与繁衍，发生了真实的关系。

农业起源（指谷物农业，是栽培作物）有三大起源中心：西亚、美洲和中国。西亚是小麦和大麦的起源地。美洲是玉米的起源地。中国是粟、黍和水稻的起源地。[①]上山文化为水稻起源于中国、起源于长江中下游地区提供了最早的实证。上山文化所在的钱塘江上游河谷盆地区是迄今发现的最值得关注的稻作农业起源地。

这一地区后来阶段的稻作农业延续也最为稳定，并发展出更高级的文明形态。继上山文化后，距今8 000年的跨湖桥文化、距今7 000年的河姆渡文化，均呈现以耜耕为特征的农业文明，并衍生出距今6 000年的马家浜文化和距今5 000年的良渚文明。不能不

---

① 严文明：《农业起源与中华文明》，《光明日报》2009年1月8日第十版。

说，这是上山文化对区域内文化的延续繁盛的程度产生的影响，是高起点文化势能的一种结果。

中国对人类的最大贡献，不是四大发明，而是水稻。水稻至今养活了世界一半以上的人口，这也是上山文化的历史价值所在。

考古小知识

季节性迁居	季节性迁居指随着生存资源和气候变化季节性改变居住地的行为，是相对于长期性定居的一个概念。
柱洞	柱洞是遗址发掘中的常见遗迹，用以栽立建筑木柱。完整的柱洞组合构成一定的建筑形态，但考古遗迹往往不完整，因此是一种指代房屋建筑的特殊遗迹。
灰坑	灰坑是考古发掘中常见的遗迹，是古代人们利用废弃的窖穴、水井或建筑取土后的凹坑倾倒垃圾形成的现象。坑内填土多呈灰色或包含较多的灰烬，因此叫灰坑。

器物坑

器物坑是上山文化遗址中比较特殊的遗迹现象，指遗址中集中埋有陶器的土坑。坑中的陶器复原率高，数量少则几件，多至几十件。这些陶器既有完整的，也有破碎混乱的。初步判断其为一种仪式性活动遗迹，比如祭祀性活动。

竖穴土坑墓

竖穴土坑墓是一种常见的埋葬方式。古人从地面竖直向下挖出葬坑，然后进行埋葬。

一次葬、二次葬

一次葬是尸体一次性安葬的葬俗，相对于二次葬葬俗而言。二次葬，也被称为迁葬，也是一种古老的葬俗，其显著特征是将死者的尸骨进行两次和两次以上的埋葬，多数情况下是易地安葬。

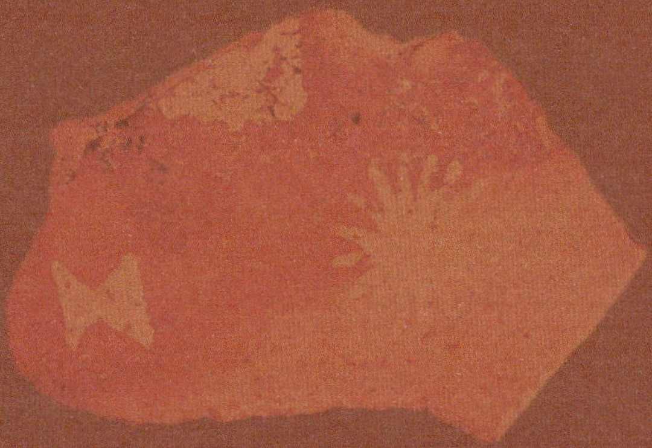

第六章

走向文明

夹炭陶，这一颠覆了洞穴阶段粗陋夹砂陶传统的崭新陶系，

似乎就为了告诉我们，历史已经翻开了革命性的一页。

它那彤红的陶衣，以及陶衣上逼真的太阳纹图案，

恍如透射进人类脑海的第一缕阳光，

从此打开了蒙昧的心窍。

　　根据桥头遗址M44墓主人的头骨特征，可作这样的复原：卵圆形颅，中长颅、高颅、颅宽中等，高面、面宽中等，中低眶，斜额，平颌，面部扁平度中等，鼻型不明，体质特征上属于蒙古人种（图6-1）[1]。

　　这就是上山人的样貌。

　　那么，这些上山人来自哪里？或者说，10 000年前的上山文化在中国新石器文化中的位置在哪里？目前的考古学材料很难提供更具体的指向，但通过对中国早期新石器文化的类型分布进行分析，

▲　图6-1　桥头遗址"上山人"复原

---

① 　王明辉等：《义乌桥头遗址人骨资料初步研究》，待刊。

有条件作基本的判断。

中国早期新石器时代文化可分为"三类型"和"两阶段"。这是认识农业起源与中国早期新石器时代发展过程及相互关系的一个值得关注的视角。[①]通过这一实证途径，可以跟踪东亚新石器革命从洞穴走向旷野，最后走向农耕村落文明的发展过程。

一、三类型与两阶段

中国早期新石器时代发生在何时？从测年的情况看，最早的陶器出现在仙人洞遗址，次于仙人洞的，还有广西甑皮岩、庙岩、大岩和湖南玉蟾岩等遗址，这些遗址的年代上限距今约15 000年至12 000年，甚至更早。距今10 000年左右的遗址，还包括华北地区的东湖林、转年、于家沟、李家沟等。这些遗址均属于早期新石器时代。在通常的概念中，早期新石器时代的下限止于距今9 000年，那么，相关的遗址还应加上长江中游的彭头山、八十垱和淮河流域的贾湖等遗址的早期阶段。

20世纪末期以来，早期新石器文化的研究成为中国新石器文化研究的热点之一，这缘于一系列的考古新发现。以这些考古新发现为认识基础，可将中国早期新石器时代文化分为三大类型，即华北类型、长江中下游类型和华南类型。这三大类型，又可大致分为前后两大阶段，借用"原生""续生"概念，称之为原生阶段和续生阶段。华南类型是典型的原生类型，长江中下游类型为典型的续

---

① 蒋乐平：《中国早期新石器时代的三类型与两阶段——兼谈上山文化在稻作农业起源中的位置》，《南方文物》2016年3期。

生类型。在续生阶段中，钱塘江流域的上山文化又处在先行发展的进步位置。

（一）三个类型

三个类型中，华北类型与上山文化的关联度较小，华南和长江中下游类型与上山文化的联系相对密切。

1. 华北类型

分布于华北地区。包括北京门头沟东湖林遗址、北京怀柔转年遗址、河北保定南庄头遗址、华北阳原于家沟遗址以及河南新密李家沟遗址等。[①]诸遗址体现了相对统一的特征，陶器器类比较单调，以平底罐类器为主，少量见到钵、盂，全部为素面夹砂陶，分粗砂和细砂两类。陶器制法多以泥片敷贴成型，也用泥条盘筑法。石器以打制石器、砾石石器为主，有砍砸器、尖状器、雕刻器及石磨盘、石磨棒等。年代在距今12 000年至9 000年间。[②]生业方式以采集、狩猎为主。在东湖林等遗址中，发现较多的石磨盘、石磨棒，应该与谷物与食物籽食的加工有关。一般认为，华北类型为旱作农业发生区，这些遗址的资料为旱作农业的起源提供了有价值的

---

① 　郁金诚、李建华、李超荣、杨学林：《北京转年新石器时代早期遗址的发现》，《北京文博》1998年第3期；保定地区文保所、徐水县文物管理所、北京大学考古系、华北大学历史系：《华北徐水南庄头遗址试掘简报》，《考古》1992年第11期。赵朝洪、郁金诚、王涛：《北京东胡林新石器时代早期遗址或重要发现》，《中国文物报》2003年5月9日；泥河湾联合考古队：《泥河湾盆地考古发掘获重大成果》，《中国文物报》1998年11月15日；王幼平、张松林等：《河南省新密市李家沟遗址发掘简报》，《考古》2011年第4期。

② 　赵朝洪、王涛等：《东湖林、转年与于家沟》，《华南及东南亚地区史前考古——纪念甑皮岩遗址发掘30周年国际学术研讨会论文集》，文物出版社，2006年。

资料。

贾湖遗址位于华北平原的南部，属淮河流域，年代也相对较晚，在文化内涵上，存在与长江中下游类型相似的地域过渡性特征。

2. 华南类型

华南地区的地理位置一般为南岭以南。南岭横亘在湘桂、湘粤、湘赣之间，向东延伸至闽南，波及浙南。东西绵延 1 400 公里，分割珠江流域和长江流域。山岭间夹有低谷盆地，河流纵横，植物茂盛，气候植被统称为过渡性热带雨林。

华南类型的早期新石器遗址主要分布在南岭山地，从居住模式上，可称之为洞穴、贝丘、台地类型，或简称为洞穴类型，一些贝丘或台地特征的堆积也往往依附于洞穴的居住方式。

自西向东，这里分布着广西的甑皮岩遗址、庙岩遗址、大岩遗址，广东的独石仔遗址，湖南的玉蟾岩遗址，江西的仙人洞遗址、吊桶环遗址，等等。[①] 这些遗址的上限，一般早于距今 12 000 年，若以陶器作为新石器时代形成的标志之一，这个地区是中国早期新石器时代出现最早的地区，庙岩遗址、大岩遗址陶器出现的年代均超过了 15 000 年，仙人洞遗址的陶器更是达到了 20 000 年（图 6-2）。

---

① 中国社会科学院考古研究所等：《桂林甑皮岩》，文物出版社，2003 年；谌世龙：《桂林庙岩洞穴遗址的发掘与研究》，《中石器文化及有关问题研讨会论文集》，广东人民出版社，1999 年；傅宪国、贺战武、熊绍明、王浩天：《桂林地区史前文化面貌轮廓出现》，《中国文物报》2001 年 4 月 4 日；邱立诚、宋方义、王令红：《广东阳春独石仔新石器时代洞穴遗址发掘》，《考古》1982 年第 9 期；刘诗中：《万年仙人洞、吊桶环旧石器晚期至新石器时代早期遗址》，《中国考古学年鉴》（1996 年），文物出版社，1998 年；袁家荣：《湖南道县玉蟾岩 10 000 年前的稻谷和陶器》，《稻作、陶器和都市的起源》，文物出版社，2000 年。

▲ 图6-2 仙人洞遗址

　　需要指出的是，这些遗址的延续年代都比较长，但在物质文化的体现上，发展变化相对缓慢。如甑皮岩遗址的年代从距今12 000年至距今7 000年，在前四期，陶器胎质一直是夹粗砂砾，并且大都有绳纹装饰，另外较早出现条纹，器形也比较单调，如敞口罐一直延续。这样的情况也同样出现在华南区东北端的仙人洞、吊桶环遗址。

3. 长江中下游类型

目前主要发现于洞庭湖流域、中游干流河谷和钱塘江流域。严格地说，钱塘江流域不属于长江流域，但暂按照习惯的认识归纳之。在考古学上，它们被分为不同的考古学文化，包括以上山遗址为代表的钱塘江上游地区遗址群、以彭头山遗址为代表的洞庭湖西北区遗址群、以城背溪遗址为代表的长江中游干流沿岸区遗址群。处在边缘位置的，还有淮河流域的贾湖遗址。[①]

长江中下游遗址群所体现的文化面貌，具有共性特征。

这些共性因素主要反映在地理区位、生态环境、文化和聚落特征这三个方面。概括如下。

地理区位。这个区域在北纬30°线附近，最南为钱塘江流域遗址群中的庙山等遗址，约北纬28°50′，最北为淮河上游的贾湖遗址，约北纬33°36′，经度则分布在东经112°至东经120°之间。地理位置比华南早期新石器时代文化分布区整体北移；海拔高度在100米至40米之间，则比华南早期新石器时代遗址群位置整体下降。

生态环境。均为江湖盆地间的低山丘陵区，属于典型的山前地带。遗址的坐落位置大多为盆地中的岗丘，周围地形平坦开阔。洞庭湖西侧的澧阳平原与钱塘江南域虽然跨越约8个经度，相距上千公里，但它们均处在北纬30°附近，海拔高度也相仿，气候也均属亚热带，年平均气温和年平均降水量接近，四季分明。

---

① 　浙江省文物考古研究所、浦江县博物馆：《浙江浦江县上山遗址发掘简报》，《考古》，2007年第9期；湖南省文物考古研究所：《彭头山与八十垱》，科学出版社，2006年；湖北省文物考古研究所：《宜都城背溪》，文物出版社，2001年；河南省文物考古研究所：《舞阳贾湖》，科学出版社，1999年。

文化和聚落特征。分布于开阔的盆地、平原地带，处在早期村落的形成阶段。上山文化遗址群中，普遍发现了以柱洞为特征的地面木构建筑，靠北的淮河流域，则以半地穴房子为主，长江中游一代则两者兼有。

从考古类型学角度，夹炭红衣陶器的出现是带有时代性和区域性的共性特征，这种陶器类型迥异于华南类型和华北类型的夹砂陶系统。相对于上山文化早期，彭头山等文化夹炭陶比例较低。砾石石器和石片、石核石器在上山文化、彭头山文化中均流行，磨制石器比例均小。

值得关注的是，稻遗存，包括夹炭陶羼和谷壳等特征，已成为这一文化类型的共性现象。

（二）两个阶段

原生阶段的文化面貌与旧石器的传统有更密切的联系，农业或对植物进行管理的萌芽因素已经出现；续生阶段离开了旧石器时代的基本环境，农业的生活模式开始显现。

原生阶段的住地选择在洞穴及其附近的山前台地，续生阶段则选择在平原边缘的山前台地乃至河谷盆地中央；原生阶段的居住模式依赖洞穴，或者起码在冬季阶段离不开洞穴，续生阶段则已经有能力构筑较牢固而实用的房子，不需要进行季节性的迁徙。这中间的变化动力，一是追逐生活资源，二是技术的进步。不能否认的是，农业的出现成为其中标志性的内容。

1. 原生阶段

所谓原生，指的是直接在旧石器文化的基础上发展起来的文化类型，在文化层的堆积上，原生类型的遗址经常直接叠压在旧石器的文化层之上。如华南的仙人洞、吊桶环、大岩遗址和华北的于家沟、李家沟遗址，说明原生阶段的早期新石器文化在华南、华北都出现了。相对来说，华南地区表现得更为充分。实际上，前面分析的"华南类型"，均属于原生阶段。这些遗址均为洞穴遗址，华南地区本来就是旧石器晚期洞穴遗址比较发达的地区。

原生阶段遗址的年代最早可达20 000年前，如仙人洞遗址[①]，最晚约12 000年前，如玉蟾岩遗址、甑皮岩遗址。这中间还有距今15 000年的遗址，如大岩遗址、庙岩遗址。从中可以大致确定，原生阶段早期新石器的年代在距今20 000年至12 000年左右。这些遗址的早期阶段除了居住模式和工具形态所表达的生业方式上具有共性外，还有几个值得关注的特征：① 石制品面貌上与本地的旧石器文化存在一定的延续关系。② 陶片比较少或尚未出现，但出现了磨制技术。前者如仙人洞遗址共得陶片500余片，甑皮岩一期仅复原陶器1件，庙岩、大岩、玉蟾岩等遗址的早期陶片也很少；后者如白莲洞遗址、独石仔遗址等。这些均表明了在旧石器基础上的新石器文化初萌阶段的特征。

以洞穴堆积为特征的华南早期新石器遗存具有广泛的共性。安志敏先生认为，地域封闭和缺少交流导致这个地区经济和文化的相对滞后，原因可能与气候温热、资源丰富有直接的关系。[②]因此，

---

① Wu X, Zhang C, Coldberg P, Cohen D, Pan Y, Arpin T, Bar-Yosefo, Early pottery at 20,000 years ago in xian rending cave china, *Science*, 2012 JUN29.

② 安志敏：《华南新石器试析》，《华南及东南亚地区史前考古——纪念甑皮岩遗址发掘30周年国际学术研讨会论文集》，文物出版社，2006年。

华南洞穴类型的延续时间较长，这种生业方式一直延续到新石器中晚期。

　　洞穴遗址的堆积层中，鸟、兽、鱼等骨骼及螺壳极为丰富，这表明采集渔猎经济构成人类食物的主要来源。根据赵志军对甑皮岩遗址及华南新石器遗址的研究，岭南地区未发生稻作农业，但较早出现了种植以芋为代表的块茎类作物的原始农业。[①]稻作文化在距今7 000年后从其他地区传入。但在洞穴遗址分布区的北部和北部偏东，发现了少量的稻遗存，如仙人洞遗址发现的水稻植硅体。由此可见，华南类型也存在不同的文化发展趋向，北端靠近长江流域的洞穴遗址，或许更早将水稻作为采集和认知的对象之一。这为长江中下游地区稻作农业的发生发展，奠定了一个基础。

2. 续生阶段

　　这个阶段的遗存类型主要为长江中下游类型。分布区域包括钱塘江流域、洞庭湖流域、长江中游干流沿岸，并到达淮河流域。

　　何为续生？它并非直接诞生于所在地区的旧石器文化，也不是原生类型自然发展的产物。续生阶段的年代晚于原生阶段，不排除部分受到洞穴新石器文化的影响，如长江中游地区的彭头山文化与甑皮岩二至四期陶器上存在相似因素，但脱胎换骨，展现了一种完全不同的文化面貌。总结起来，这一阶段的特征包括：

　　第一，遗址对环境的选择，脱离了洞穴以及洞穴所依托的山地，来到了旷野。遗址依然会依托盆地中低矮的山丘。如上山遗址位于浦阳江上游河谷盆地，盆地外围的山地海拔大多在500—1 200

---

①　赵志军：《对华南地区原始农业的再认识》，《华南及东南亚地区史前考古——纪念甑皮岩遗址发掘30周年国际学术研讨会论文集》，文物出版社，2006年。

米，而遗址位置选择在远离山地10公里的海拔50米左右的盆地中心。在上山遗址周围的山脉中，也发育有石灰岩溶洞，但没有发现同时期的洞穴遗址，也就是说，没有发现拟想中的季节性迁居遗存。因此，上山文化、彭头山文化的生存环境选择，已经基本告别了山林洞穴的生计模式。

第二，遗址普遍出现了初具规模的定居聚落。遗址面积，往往达数万平方米，规模上远超过了原生阶段。

第三，陶器的普遍利用。陶器的类型和数量更为丰富。与华南洞穴新石器遗址相比，这个阶段的陶器已经相当丰富，接近中晚期新石器时代遗址的水平，这是长期定居所伴生的现象。夹炭陶是一种有别于原生阶段夹砂陶的全新类型。陶器的分类，也出现圈足、平底、圜底等几种形态。

第四，稻作农业。无论上山文化还是彭头山文化，或者贾湖文化，稻作农业已经出现，或者说以食用为目的的稻的栽培，已经成为一个事实。长江中下游作为稻作文化起源地的认识，主要建立在这个阶段的考古遗存发现的基础之上。

第五，续生类型所在的地理区域，成为人类更高级文明的发祥地。在华南原生新石器文化的分布区，在相当长的时间里，文化的发展极为缓慢，没有发展为文明的中心区域。而在钱塘江流域和以洞庭湖为中心的长江中游地区，自从上山文化和彭头山文化之后，文化的发展极为迅速，最终诞生了中国新石器文化的两座高峰——良渚文化和石家河文化。

从上面的分析可以看出，华南洞穴类型虽然比长江中下游类型的发生时间更早，但发展过程是两条平行线，不能以简单的前后两个阶段认识之。但前者必然对后者产生影响，从原生和续生的角度进行分析，是比较合适的。

二、上山文化的领先位置

上山文化在续生阶段处在什么位置？这需要通过与彭头山、贾湖等文化类型的比较进一步确定。同属长江流域的彭头山与上山文化的共性因素更多些，比较的条件更充分。

钱塘江与洞庭湖的直线距离为1 000多公里，其间河网密布，地形复杂。即使有舟楫之便，依然属于不同的分区。在苏秉琦先生的中国新石器文化六大区系划分中，它们属于不同的区系[①]，说明在文化的发展上有不同的方向。

从测定数据看，彭头山文化距今9 000年至7 800年，晚于上山文化。对此，类型学的比较，可以提供佐证。两地相距虽远，但在物质文化因素上确实存在类型学意义上的关联性。

作为不同地区的两种考古学文化，上山文化与彭头山文化的器物差别是主要的，但也可找到显而易见的共性因素，其中最醒目的是羼有稻壳的夹炭红衣陶。这是长江中下游续生阶段或续生型文化诞生的重要标志。陶器的形态也有共同点，如早期的溜肩双耳罐，中晚期的浅腹盘。上山的浅腹盘以平底为主，也有少量的圜底盘；在彭头山文化中，盘的主要种类是圜底的，但也出现了少量的平底器。两地还均出现了圈足器和乳丁足器。

---

① 苏秉琦：《中国文明起源新探》，（香港）商务印书馆，1997年。

从钱塘江早期新石器文化的分析角度，彭头山文化是上山文化向跨湖桥文化过渡的促进因素之一。①如上山文化罕见绳纹，罕见陶釜，不见釜支座，而彭头山文化中，绳纹陶釜以及釜支座在第一期就已发现，这一特征在跨湖桥文化中流行。彭头山文化的钵型釜、截面呈方体的支座，与跨湖桥文化基本一致。另外，彭头山文化的拍印方格纹、网格刻划纹、戳点纹均见于跨湖桥文化。交叉绳纹、绳纹与刻划纹并施于同一器物等现象，反映了跨湖桥文化与彭头山文化不可忽视的关系。

长江中下游地区早期新石器文化续生阶段可以大致分为三大期。

前期。上山文化早期。新陶系——夹炭红衣陶出现，并且几乎为唯一的陶系。石器以打制石器和砾石石器为主，磨制石器出现，但数量少。穿孔石器数量较多，这是南岭洞穴新石器时代的多见石器，代表其更原始的特性。

后期。上山文化中晚期、彭头山文化早期、贾湖遗址早期。一定比例的夹炭陶是共性特征，浅腹平底或圈底盘流行，绳纹釜及釜支座在彭头山文化率先出现，磨制石器的数量及多样性甚于前期。

后续期。彭头山文化晚期，跨湖桥文化早期。陶器在前期的基础上进一步丰富，纹饰更为复杂。

结论是，无论从年代的测定数据上，还是在文化因素的类型学分析上，上山文化在长江中下游的早期新石器续生阶段处在领先的地位。这是基于考古资料的客观认识。

---

① 蒋乐平：《跨湖桥文化研究》，科学出版社，2014年。

三、从洞穴到旷野

那么，为什么稻作农业在10 000年前的钱塘江流域诞生？

总体的背景是，距今约16 000年至10 000年前是北半球夏季太阳辐射渐次增加的时段，大陆冰层迅速消融，世界洋面急速上升，进入末次冰消期，但末次冰消期又发生了以快速降温为特征的新仙女木事件。新仙女木事件发生的时间在各地存在差异，被普遍接受的年代为距今13 000—11 400年。在距今13 000年时气温降到最低点，至距今12 000年时气温开始急剧升高，标志着新仙女木事件结束[1]，这也标志着更新世的结束。

生活在北纬30°一带的人们最早感知并呼应了这一变化。

距今11 000年，即公元前9000年前后，严寒气候渐趋消逝，西亚一带开始出现类似今日的温和景象，地中海东岸和波斯湾沿岸，小片草地和栎树林逐渐向四周扩张，内陆丘陵地区植被亦渐增多，其中最重要的一种植物，就是后来大、小麦的野生祖本——大籽草。它成片生长，春季成熟，穗实易于脱落采集，对人类最有吸引力。此外，西亚广大的丘陵山区与草原还生长着大量的赤鹿、瞪羚，以及野生的山羊、绵羊、猪、狗等适于食用又便于捕捉的兽类。从天时地利来看，都为农业和畜牧的起源提供了优异的条件。这一地区的遗址分布十分密集，著名的如巴勒斯坦的纳吐夫文化。早期遗址多为山洞，保留冰期穴居的遗风，但已经开始向平川草地

---

① 杨志红、姚檀栋：《古里雅冰芯中的新仙女木期事件记录》，《科学通报》1997年。

发展，出现季节性的住所。

同时期的东亚大陆，上山遗址早期正好对应于新仙女木寒冷期结束后的气温上升期和全新世早期的气候波动期。因气候的变化，人类从利用大型食草动物转向小型动物和其他资源，从而实现了从简单狩猎向复杂渔猎采集经济的转变，这是对不稳定生态的一种适应方式。在这样的生存形势下，钱塘江上游开始聚集了第一批从洞穴走向旷野的人类。这证明了这一地区渔猎资源的独特优势。从地理的角度，钱塘江上游遗址大多处在约100—50米的河谷二级阶地，这一区域具有一定历史条件下的生存性优势。当人类逐渐向河谷盆地聚集的时候，人口压力的增大迫使人们开始学会管理一些动植物。可以想见，上山文化遗址周围的狩猎、采集资源是十分丰富的。动物如野生的牛、猪和鹿等；在钱塘江及其大小支流里，还有各种各样的鱼类；植物资源方面，则有多种坚果和块茎类可供采集，野生稻也是重要的一种。人们用木棍、石球进行狩猎和采集活动，并用石磨盘加工坚果和其他的淀粉类块茎食物。狗、猪等动物可能被驯养。当然，最为重要的经济活动，当是稻作农业。

在上山文化时期，稻作农业在当时经济中的比重不会太大，但作为新兴的经济模式，它代表了历史的发展方向。文明的序幕，就此拉开。

四、文明的符号

无论是"万年上山，世界稻源"，还是"远古中华第一村"，均表明上山文化在人类文明史中的地位。

　　若将上山文化比拟为稻作文明所绽放的第一朵花，那么，这花朵的最鲜艳的颜色，就是被称为世界最早的彩陶的上山文化彩陶。

　　在上山文化彩陶中，不但出现了明确的太阳图案，而且出现了与周易八卦相似度非常高的"卦符"。在中华文明的独特语境中，这才是最具神秘性和解读性的文明符号。

　　其中一组"卦符"，被研究者释读为"雷地豫卦"（图6-3）[①]。这是怎样的一个概念？年代上与演绎八卦的周文王跨度近6 000年，地域又隔着黄河、淮河、长江。这是怎样的一种联系？莫非传说中创八卦的伏羲是上山人？

　　冯时先生在解析中华文明时，将"观天象，授农事"视为中华文明知识体系与礼仪体系形成的源头[②]，那么太阳纹、"卦符"在上山文化的最早出现，不但与农事活动结合在了一起，而且实现了稻作文明与中华文明的结合。

▲　图6-3　彩陶中的"卦符"纹

　　彩陶曾经是黄河流域文明的象征，著名的仰韶文化就是一种彩陶文化。在这样的话语体系下，如何看待上山文化的彩陶，也就具备了特殊的认识价值，从中或可窥见中华文化"多元一体"的构造路径。

---

①　赵建永2023年"万年上山文化沙龙"发言。

②　冯时等：《万年中国——中华文明的起源与形成》，东方出版中心，2023年。

这也是判读钱塘江地区在中华文明起源中的地位的独特角度。

（一）彩陶在区域文化中延续

距今8 000年左右，跨湖桥文化继承了上山文化的彩陶传统，两者构成了新石器时代早中期浙江彩陶延续发展的一个序列。跨湖桥文化阶段的彩纹类型比上山文化总体趋于丰富、复杂（图6-4、5、6、7）。

跨湖桥文化乳白厚彩，均施于器物的外壁，如陶罐的肩部、圈足器的圈足部位；红彩为薄彩，施于豆盘、圈足盘内壁，但在极少量的残陶片上，也看到了施于外壁的薄彩。分条带纹、放射纹、环带纹、垂挂纹、波浪纹、太阳纹、火焰纹、点珠纹、十字交叉纹、台梯纹及其复合纹等。

这种乳白彩和红彩工艺均承传于上山文化。上山、跨湖桥文化的彩陶，在中国新石器文化中独树一帜。

▲ 图6-4 彩陶盘残片（跨湖桥遗址）

▶ 图6-5　彩陶片
　（跨湖桥遗址）

▶ 图6-6　彩陶片
　（跨湖桥遗址）

▶ 图6-7　太阳纹陶
　片（跨湖桥遗址）

（二）彩陶的传播

从目前发现的资料看，中国南方各地彩陶出现的时间轨迹大致如下。[①]

约距今 10 000 年左右，浙江上山文化出现较为成熟的红衣和"化妆土"的陶器装饰工艺。

距今 9 000 年左右，上山文化中期的桥头、湖西、下汤等遗址出现了通常意义上的图案化彩纹，这是迄今发现的最早的彩陶。同时或稍后，彭头山、贾湖和裴李岗文化一些遗址也出现红衣陶器。

距今 8 000 年左右，跨湖桥文化延续上山文化的彩陶传统。江西老虎墩下层发现了施黄白色陶衣，再施红褐彩和黑彩的彩陶器，湖南高庙文化也出现了刻划纹中填彩的现象。

距今 7 500 年左右，湖南石门皂市下层和坟山堡遗址，出现了较为简单的深红色条带纹。差不多同时，甘肃大地湾、陕西老官台遗址，也出现了红带彩的简单彩陶纹饰。

距今 7 000—6 500 年左右，发现彩陶的地点还包括安徽的双墩文化、湖南的汤家岗文化、湖北的柳林溪文化、广东的咸头岭文化等。双墩文化红衣为底，红彩呈赭红色，图案以网纹为主，多施于盆口沿、罐肩等部位，比较复杂的是菱形网格纹和菱形回字纹。汤家岗文化开始流行白陶或白色陶衣上彩绘。柳林溪文化彩陶多为陶胎较粗或夹炭的红衣陶，彩陶以曲颈罐、碗、钵为主，有少量器盖、斜口罐，一般为黑彩。咸头岭文化一期彩陶数量多，纹饰纤细

---

① 蒋乐平：《彩陶的起源与传播——从浙江地区的发现说起》，《中原文物》2023年第 3 期。

精美，以宽窄不等的条纹为主，另有细曲线纹、波浪纹和连续点状纹、折线纹。

从前仰韶时期的彩陶遗址分布看，长江流域以南的彩陶的发展程度要超过黄河流域。

那么，中国史前彩陶是否有可能存在同源性？

长江流域是稻作的发祥地，也是农业文化更早成熟的地区。8 000年前，长江以南地区的新石器文化处于相对进步的发展状态。这个阶段，长江中下游各区域之间也存在明显的文化交流，形成了一个关系相对密切的文化传播圈，彩陶是其中的文化要素之一。

总体来说，长江中下游地区早期彩陶的彩纹复杂性，超过了黄河流域。即使到了距今7 500年左右，前仰韶的老官台、大地湾遗址彩陶也很简单，如大地湾的夹细砂三足或圜底钵形器，仅在陶钵上口沿内外绘一彩陶条纹，为偏暗的紫红色。这种红带彩，只是上山文化两种彩陶类型中较为简单的一种。更复杂的彩纹，除了流行于上山与跨湖桥，江西老虎墩是另一个较早的遗址，老虎墩彩陶除

▲ 图6-8　彩陶片（靖安老虎墩遗址）

▲ 图6-9　彩陶片（靖安老虎墩遗址）

了宽窄不一的条纹，还有细线网格状纹、交叉纹（图6-8、9）。老虎墩也是距离钱塘江流域较近的一个遗址。

安徽、湖北的彩陶分布也提供了传播路径的一个观察角度。尽管年代较晚，但湖北东南部，安徽江淮以南的黄鳝嘴文化彩陶，有豆、圈足盘、碗，质地多为泥质陶，白衣、红衣，用红彩，偶见白彩、黑彩。施彩器形和纹饰类型与浙江地区早期的彩陶传统具有一定的联系性，黄鳝嘴文化中甚至出现了与上山、跨湖桥文化相似的乳白厚彩（图6-10）。而同时期的鄂皖北部，彩陶则表现为圆点弧线的仰韶文化彩陶风格。可以看出，距今6 000年左右，江淮一带的彩陶尚隐隐存有南北两种风格，北部受黄河流域彩陶影响较大，南部则保留南方早期的彩陶文化的一些传统。但此时黄河流域彩陶文化已经进入高潮期，开始占有优势并向南方影响、渗透。

▲ 图6-10　彩陶片（黄鳝嘴文化，孙家城遗址）

根据以上证据，可对距今9 000年到5 000年的中国彩陶的演变轨迹做如下分析。

距今约9 000年，彩陶开始在上山文化中期出现。

距今约8 000年，随着长江中下游稻作文化的稳定发展，彩陶工艺成为区域间文化交流的内容之一，具体表现为上山—跨湖桥彩陶通过河流上游的狭小谷地，向赣湘一带传播。这一时期的原始聚落规模小、分布相对稀疏，另有江河的自然阻滞，因此传播速度较慢，但已经抵达赣西北乃至洞庭湖地区，也就不能排除对黄河流域产生影响的可能。前仰韶时期的彩陶基本为红色条带彩，彩纹形态与施彩方式与上山文化中晚期开始的条带彩基本相同。

上山—跨湖桥文化彩陶以江淮以南为主要传播、影响区域。一直到仰韶时代，鄂皖一带还保持着与仰韶文化彩陶对峙的南北分布。以上山、跨湖桥文化为代表的南系风格基本可以用"小彩、简画"的波折、网格、条带来概括，而与异军突起的以"大范围、大色块"图案的规律性重复为标志的黄河流域彩陶判然有别。

距今6 000年以后，史前中国社会的人群规模和聚落分布密度比上一个阶段都有了很大发展，色彩中的观念形态可能具有政治文化的内涵，因此传播的力度与速度也与上一个阶段不可同日而语。随着海平面的稳定，更适合人类居住与交流的江淮平原区形成，与黄河流域彩陶文化相一致的观念形态，也开始向南渗透。庙底沟彩陶中的圆点、弧边三角纹饰影响到崧泽文化圈足陶器的装饰。

因此，以钱塘江为坐标点，距今9 000年至5 000年之间，彩陶的起源传播形成了圆圈式的闭环，早期通过湘赣，很可能向黄河流域渗透，晚期通过江淮平原，接受黄河中下游文化的影响。这一历史的运动方式与内在逻辑值得深入研究。良渚文化在钱塘江北岸的出现，最重要的背景是这里处于南北文化碰撞的东部界线，而碰撞的力量来源，与该区域源远流长的稻作文化传统的历史积淀有密切关系。

（三）线条的内涵

上山文化彩陶发现了太阳纹、"卦符"纹等神秘图案。尤其是后者，解读者直接将其与卦象联系起来，这就引出了一个重大的学术问题，那就是"八卦"的起源。

关于"八卦"的起源，现在有多种说法。张政烺先生《试释周初青铜器铭文中的易卦》研究了20世纪出土的一批数字卦，认为先有大量筮数（数字卦），后简化成几个筮数，战国时期再由这些少量的具体数值简化成（由一、六两个数字表示的）二元奇偶数符（数符化的八卦），战国末期至秦汉再演化为（后世通用的）抽象的二元阴阳符号（阴阳化的八卦）。[①]

沿着这一思路往前推，可发现中国境内的新石器时代遗址中，这种表现为短线条组合的符号多有发现，比如贾湖、大溪、崧泽、河宕、良渚、造律台等遗址。这些符号极似易卦，但对卦象笔划的认识必然会有不同意见。在跨度巨大的时空范畴里，此类符号所代表的含意及与此类符合相似的符号的演进过程是怎样的？这很难完全理清楚。但从线条形态观察，这些符号已有重复出现的现象，这应非偶然和巧合。

实际上，在与上山文化关系密切的跨湖桥文化中，还有更直接的比较材料。跨湖桥遗址出土的一件木器和一件鹿角器中，发现有一类特殊的刻划符号，共出现了八个符号类型（图6-11）。[②]

有研究者认为，这些符卦资料，应该与《周易》卦画有关，八组符号中，有释读为"一一一一六六"的"遁"卦，代表"逃遁"义的卦画；有隶定为"六六一一一一"的"大壮"卦，代表"受

---

① 　张振烺：《试释周初青铜器铭文中的易卦》，《考古学报》1980年第4期。

② 　王长丰、张居中、蒋乐平：《浙江跨湖桥遗址所出刻划符号试析》，《东南文化》2008年第1期。

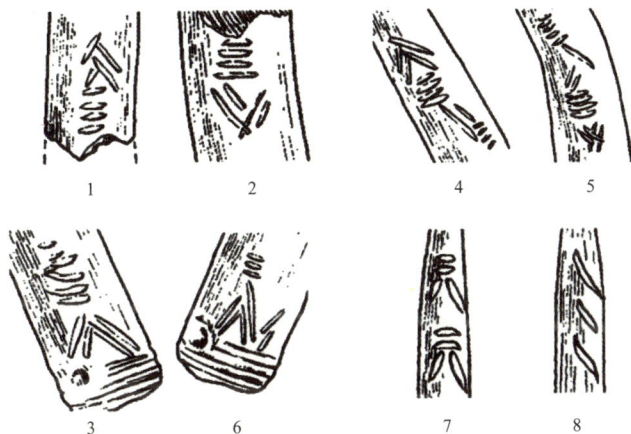

▲ 图6-11 跨湖桥遗址八个刻划符号类型（鹿角器：1—6；木器：7—8）

伤"的卦画。在今本《周易》中，"遁"和"大壮"两卦正好前后相续。联系到鹿科动物是跨湖桥文化时期重要的捕猎对象，鹿角就可能是一种巫术工具，在其两端分别契刻代表"受伤"和"逃遁"的卦画，具有非常贴切的对应性。[1]

跨湖桥遗址的符号是目前所见到的最早的可能与数卦有关的符号类型，这种符号有可能是用于记录占卜的数字卦象。这表明，早在距今8 000—7 000年间，数卦系统就已存在了。

跨湖桥文化与上山文化一脉相承，尤其是彩陶传统，无论是用彩材料还是太阳纹等构图方式，均存在明显的继承关系。尽管跨湖桥遗址的八组图符并未采用彩陶的形式，但这种以短线为特征的构图方式，与桥头彩陶图符别无二致，其中表达的观念形态应该也具有承续性。

---

[1] 柴焕波：《跨湖桥契刻考释》，《湖南考古辑刊》（第8辑），岳麓书社，2009年。

这是上山文化彩陶图符所潜藏的文明密码。

以上山文化、跨湖桥文化、河姆渡文化、良渚文化为代表的史前考古学文化，以稻作文明为发展主脉，其起源优势和发展的延续优势，造就了钱塘江—杭州湾—南太湖区域文化在中华文明起源版图中的突出地位。

彩陶上的卦符类图案，是农耕文化探究天地变化的最早记录，也可理解为中华文明独有的知识体系和仪礼体系的肇始。

上山文化是以南方稻作文明和北方粟作文明为基础的中华文明形成过程的重要起点。

考古小知识

蒙古人种

蒙古人种是人种划分的一个概念，最早由德国人布鲁门巴哈提出。后来，该词成为黄色人种的近义词。亚洲蒙古人种又可分为北亚、东亚、南亚三个人种支系，一支北亚人进入美洲，发展为印第安人。

考古类型学

考古类型学是考古学理论的基本内容之一。主要用来研究遗迹和遗物的形态变化过程，找出其先后演变规律，从而结合地层学判断年代，确定遗存的文化性质，分析其反映的生产和生活状况以及社会关系、精神活动等。大量用于研究陶器、瓷器等使用周期短、变化较明显的器物。

附 录

万年中国

一个具有突破意义的新概念[①]

蒋乐平

打开冯时等著的《万年中国——中华文明的起源与形成》新书，首先冲击到我的还是"万年中国"四个字。作为作者之一，我知道这本书的由来。2022年11月，《文汇报》的"文汇讲堂"举办了"中华文明起源与形成跨年四讲"，邀请国内12名学者围绕重要考古发现探析中华文明的起源与形成问题，这本书就是这几个讲座内容的整合。

中华文明由中华、文明两词构成，但"文明"的解读长期受欧美既有的学术定义的束缚，"夏商周断代工程"就试图在这一规范下确立夏文化的文明特质，但成果引来不少争议。"何以中国"之所以成为热词，也可视为这一议题的延伸，但此处的"中国"也容易打上"宅兹中国"的中原青铜文明烙印。2019年，良渚文化作为一个文明实体"申遗"成功，在某种意义上成为了中华文明探源的一次思想解放，学术界不但找到了理解文明本质的新角

① 本文为《光明日报》约稿原文，改动后以《万年中国，灿烂辉煌》为篇名刊载于《光明日报》2023年10月14日第十二版。

度，"中国"一词也被赋予了更为开阔的历史含义。我想，文汇讲堂的跨年四讲以及现在看到的这本书，就是这一解放了的思想的产物。

尽管如此，"万年中国"还是让我产生更多的思考。说起来，在史前考古领域，大中华的观念早已深入人心。苏秉琦先生的"满天星斗"学说，其代表作《中国文明起源新探》通过"六大区系"的划分梳理史前文化并提出"古国、方国、王国"的文明起源路径，还有"超百万年的文化根系、上万年的文明起步"的论断，均代表了中国考古学对全域性中华文明的认识、理解。严文明先生的"重瓣花朵"理论重视周边各区域文化的"花瓣"，但又突出了代表中原文明的"花心"，说明考古学家在重视大中华叙事的同时，没有忘记中原地区在"何以中国"形成过程中的特殊地位。但无论苏秉琦六大区系中"重心"或"中心"的形成时间，还是严文明思考的"重瓣花朵"的成形年代，距今6 000年大致成为最受重视的时段，也就是仰韶时代或略晚。

这次文汇讲堂的跨年四讲，重点则是推出8 000年的文明概念，起源时间大大提前。对此我一度有些准备不足，为了使自己的参与性讲述更靠近这一题旨，我还预先认真学习了主讲者之一冯时先生的相关论述。通过这个讲座，我对冯时提出的以己身文明梳理中华文明的观念体系和其他学者对于史前中国文明特质的宏观分析和具体归纳，也有了更多的理解。但是，最后积集成稿的书籍直接以"万年中国"为名，还是略感吃惊。我承认，吃惊中除了些许的压力，还有微微的兴奋。

这是因为，在这本书中，涉及万年的遗址只有上山。这一远离中原，僻处钱塘江流域的远古遗址，如何承担起代表"万年中国"的特殊使命，似乎我这个上山文化的发掘者有责任去作出解释，这当然是我自作多情且力所不逮的事。但此时此刻，我委实有了一种想说几句的愿望。上山，我们为之奔忙了二十余年的上山。此时此刻，我有充分的理由将我带有主观情感的粗浅认识分享出来，并借以谈谈对"万年中国"的一些理解。

上山遗址，位于浙江省金华市浦江县，2000年发现，遗址早期文化层的碳14年代测定达10 000多年，这在当时可谓是石破天惊的发现，将拥有跨湖桥、河姆渡、良渚的浙江或长江下游地区的史前文化史足足提前了2 000年。但还没有完，经过二十多年的野外探索，类似上山类型的遗址已经发现二十多处，这些遗址的面积大多达到数万平方米，分布在钱塘江上游支流两岸的台地上，被称为是东亚地区年代最早、分布最集中、规模最大的早期新石器时代遗址群。这些遗存、遗址，被共同命名为上山文化。

为什么钱塘江流域在那个年代能够诞生出如此规模的遗址群？答案是这支冠名为上山文化的远古人群，可能是这个世界上最早食用稻米的族群。有了粮食的保障，他们选择了定居的生活方式。有了生存繁衍的基本条件，亚洲东部最早的村落便逐渐在钱塘江地区散布开来。这就是严文明先生称为"远古中华第一村"的真实内涵。

这个实现了村落定居的族群，为什么能够获得稳定的食物保障？答案是，他们不但利用了稻米作为粮食的自然属性，而且开发了对水稻栽培与种植的技术。他们可能是这个世界上最早学会了耕种和收获稻米的农人。这可不是一件简单的事。准确地说，人类文明史上的第一场革命——农业革命，在这里悄悄地发生了。起码在东亚的稻作文化区，上山文化可能主导了这场革命。

这是有依据的。在上山文化遗存中，我们找到了水稻栽培、水稻收割、水稻脱壳、水稻食用的证据。比如，通过对小穗轴落粒形态、细胞植硅体、米粒长宽比等特征观察，植物考古学家确定遗址中发现的稻遗存为经过了驯化的栽培稻。又比如通过微痕分析，在遗址出土的石片石器的刃部发现了"镰刀光泽"，确定这就是水稻的收割工具。还有，上山文化诸遗址中，普遍发现石磨盘、石磨棒，这是配合使用的组合工具，相互磋磨，能有效将稻谷的外壳除去，加工出白花花的大米。

以上研究都是在实验室里进行，属于实验科学的结论。对于一个田野考古者来说，最直观、最震撼的发现来自肉眼可辨的陶器。上山文化诸遗址中，都发掘了大量的陶器，其中以大口盆最具特色。这种容易破碎的陶器的普遍出现，也是人类生活从动荡迁徙走向定居的证据之一。上山陶器多属于夹炭陶，在陶泥中掺杂稻叶、稻壳等有机物质，可以在陶胎成形和烧制过程中防止开裂达到成器更加牢固的效果。这一制作工艺，意外地将不可多得的稻遗存信息保存下来。统计发现，上山遗址绝大多数的陶器均羼和稻壳、稻叶。在一些破碎陶片的表面或断面上，可以发现密密麻麻的碎稻壳。这碎稻壳实际上是最早的"谷糠"。上山古人吃掉了用石磨盘、石磨棒碾出的大米，然后利用"谷糠"来制作陶器。据此，我们找到了迄今发现的这个世界上最早的食稻族群！面对着这些不起眼的破碎陶片，大约每个人都会发出由衷的感叹。这一至今养活了世界上近半人口的最重要粮食，就在一万年前，被这群制作大口盆的上山古人最早开发利用。这是何等伟大的创造发明，何等的意义深远！

栽培、收割、加工、食用，这是围绕水稻种植、收获、利用的考古证据链。一种人类历史上未曾有过的文化行为，即围绕稻作的行为体系，在上山文化中被较完整地揭示出来了。这正是考古人为之兴奋的大发现，这一发现也被评为中国考古学"百年百大考古发现"。自20世纪70年代浙江余姚河姆渡遗址发现以来，稻作起源研究成为了中国考古学研究的核心课题之一，后来随着彭头山、跨湖桥、城头山等遗址的相继发现，长江中下游地区成为公认的稻作农业起源地。但起源时间可以上溯到何时？能否找到更小的起源区域？这是考古探索必然会提出的问题。上山文化的发现，无疑为这一探索找到了新的坐标点。袁隆平先生题写的"万年上山，世界稻源"这八个字，就是对上山文化的最大肯定。

起源问题，属于重大问题，在学术上也是一个边界模糊的问题，往往随着资料的完善调整认识。从这个角度，我更愿意将上山文化定位为"稻作起源的万年样本"。从世界范围看，万年确实也是农业起源的关键时期。考古是实证的科学，就目前的发现来看，上山文化能够担当"稻作起源"的桂冠。

农业起源，也被称为"农业革命"，对人类文明史产生了重大影响。对比年代相近或更早的洞穴新石器时代遗址。上山文化具有三个显著的特点：第一，如前所述，一种崭新的农耕行为体系已经初步形成；第二，上山人走出了洞穴，占领、定居于新石器时代活动中心的旷野地带，形成庞大的遗址群，这与农业发生的革命性后果相吻合，从中我们看到农业文明的新气象；第三，上山稻作是一种没有中断并出现稳定进步的文化现象，随着上山文化的发展而传播，延续1 000多年，最后为跨湖桥文化所继承。一种新兴的经济行为，与一个群体的生存与繁衍，发生了真实的关系。这标志着一个新的时代的开始。

距今9 000年前后，上山文化的农业定居生活发展到了一个更高的水平。显著的标志是环壕的出现，这也是东亚地区迄今发现的最早环壕。环壕象征了村落防卫措施的出现，背后反映的是农业社会对土地的拥有意识，一种家园意识开始出现。在上山文化中，环壕不但可以护围村落，而且用来烘托与拱卫重要遗迹，这主要见证于义乌桥头遗址。

桥头遗址发现一处环壕—中心台地结构的大型遗迹，东、南、北三面为人工环壕，西面遭河流冲刷破坏，环壕的深度达3米，宽近10米。环壕所包围的中心台地略呈边长约40米的正方形。台地上发现墓葬、红烧土遗迹和"器物坑"等。"器物坑"中陶器复原率高，陶器精美，彩陶比例高。特别是部分器物内发现霉菌、酵母和具有发酵损伤特征的稻米、薏米、块根等植物淀粉粒，证明这些陶器曾用于储存酒。这是迄今发现的世界上最早的谷物酒。迹象表明，这个经过特别营建的方形土台专门用来举行公共性仪式活动，比如祭祀，是与普通生活区相对应的特定功能区域，证明村落布局和结构走向复杂化，这是农业社会向文明化演进的重要标志。

基于上述重要发现，在2020年由中国考古学会举办的"上山遗址发现20周年学术研讨会"上，发布了一个重要的学术结论：以浦江上山遗址为命名地的上山文化是世界稻作文化的起源地，是以南方稻作文明和北方粟作文明为基础的中华文明形成过程的重要起点。

由此，"万年上山"成为"万年中国"的代表性符号。但探寻农业文明之根本，只是宏观中国的立场，属于普遍意义的价值认定。上山文化发人深省的发现并不止于此。

我经常将散布于钱塘江河谷盆地的上山文化遗址群，比喻为稻作文明绽放的第一朵花，而这花朵的最鲜艳的颜色，就是殷红的上山文化彩陶。是的，大家所熟习的黄河文明的底色——彩陶，在更早的上山文化中已经出现。上山文化彩陶也被称作是世界上最早的彩陶。令人惊讶的是，在上山文化彩陶中，不但出现了明确的太阳图案，而且出现了与周易八卦相似度非常高的"卦符"。与太阳图案组合出现的还有疑似代表阴阳关系的神秘图符。其中一个"卦符"更被研究者释读为"雷地豫卦"。

这是怎样的一个概念！年代上与演绎八卦的周文王相隔近6 000年，地域之间又隔着黄河、长江，这是怎样的一种联系？莫非伏羲是上山人？不可思议？抑或合情合理？

让我们回到《万年中国——中国文明的起源与形成》一书。冯时先生在解析中华文明时，将"观天象，授农事"视为知识体系与礼仪体系形成的源头，那么太阳纹、"卦符"在上山文化的最早出现，不但与农事活动结合在了一起，而且实现了稻作文明与中华文明的整合。

这样的结论或许仍然有些抽象。确实，在史前中国的巨大时空中，要将诸文明要素有机串联，合理解释，还存在不少的空白。但这只是一个认知与共情的过程，如果你认真研读《万年中国》这本书，当你读懂了贾湖，读懂了良渚，读懂了南佐、牛河梁、陶寺、石峁、二里头，万年中国对于你也就不远了。

愿考古学家看到的"满天星斗""重瓣花朵"，能成为每一个中华子嗣心中的历史具象。

上山文化记事

2000年11月

浙江省文物考古研究所进行浦阳江流域新石器时代遗址考古调查，发现上山遗址。遗址位于浦江县黄宅镇渠南村（现为上山村）北。

2001年3月—5月

经国家文物局批准，浙江省文物考古研究所对上山遗址进行首次发掘。

2003年1月

经北京大学考古文博学院碳14测定，4片上山遗址夹炭陶标本年代为距今11 400—8 600年。

2003年11月7日

《中国文物报》刊登《浙江浦江县发现距今万年左右的早期新石器时代遗址》考古报道。

2004年10月

开始对浦江县上山遗址进行持续发掘，2007年因"三普"而停止。

2005年

发现嵊州市小黄山遗址并进行发掘，该遗址被评为当年"全国十大考古新发现"。

2006年5月25日

国务院公布上山遗址为第六批全国重点文物保护单位。

2006年11月5日—7日

"中国第四届环境考古学大会暨上山遗址学术研讨会"在浦江举行。"上山文化"得名。

2006年11月22日

时任浙江省委书记习近平同志在《浙江文物要情》第七期作批示："要加强对'上山文化'的研究和宣传。"

2008年12月

《上山遗址保护总体规划》由中国建筑设计研究院建筑历史研究所编制完成。

2010年4月

永康市发现湖西遗址。

2012 年 6 月

义乌市发现桥头遗址。

2013 年 7 月

浙江省文物局公布上山遗址为省级考古遗址公园。

2014 年 4 月

荷花山遗址入围 2013 年"全国十大考古新发现"终评。

2014 年 12 月

仙居县下汤遗址开始全面的考古勘探试掘。

2016 年 11 月

《浦江上山》考古报告和《上山文化：发现与记述》图录由文物出版社出版发行。

2016 年 11 月 22 日

上山考古遗址公园建成开放。由中国考古学会、浙江省文物局和浦江县人民政府主办的"上山文化命名十周年暨稻作起源国际学术研讨会"召开。

2017 年 9 月

时任中共中央政治局委员、国务院副总理刘延东在信息专件

《浙江认真贯彻习近平总书记批示精神，切实加强"上山文化"研究与宣传》中批示："要求有关部门总结经验，助力相关工作。"

2018年3月

《上山文化论文集》由中国文史出版社出版发行。

2019年8月14日

时任中共浙江省委常委、宣传部部长朱国贤考察上山考古遗址公园，强调"要把继承和发扬'上山文化'作为当前重中之重的事情来做"。

2020年4月9日

中国工程院院士袁隆平为上山文化题词"万年上山　世界稻源"。

2020年5月

义乌桥头遗址入围2019年"全国十大考古新发现"终评。

2020年6月

上山考古遗址公园被列为金华市中小学生研学实践教育基地。

2020年6月23日

时任浙江省委书记车俊考察上山考古遗址公园，并批示："'上山文化'的研究、保护和宣传应该予以重视。"

2020年9月1日

著名考古学家严文明为上山考古遗址公园题词"远古中华第一村"。

2020年11月12日—14日

由中国考古学会等主持的"上山遗址发现20周年学术研讨会"在浦江召开。会议达成"上山是世界稻作农业的起源地"等学术结论。"上山文化研究中心""上山文化遗址联盟"成立。

2021年3月20日

考古公开课《今日春分，让我们探寻一粒米的起源故事》在中央纪委国家监委网站播出。

2021年4月23日

浙江省社会科学界联合会命名上山考古遗址公园社科普及基地为第十批浙江省社会科学普及基地。

2021年6月25日

时任浙江省委书记袁家军作出批示："加强领导，统筹谋划，扎实推进上山遗址群申遗工作。"

2021年6月25日

浙江高质量发展建设共同富裕示范区实施方案（2021—2025

年）明确提出"推进上山文化申遗"。

2021年10月18日

上山遗址入选"百年百大考古发现"。

2023年8月

上山文化遗址群列入"中国世界文化遗产预备名单"浙江省推荐项目。

2024年5月24日

《科学》（*Science*）刊发上山文化重要研究成果"Rice' trajectory from wild to domesticated in East Asia"，揭示钱塘江流域从距今10万年到1.1万年野生稻向驯化稻进化的连续轨迹。

后　记

东方出版中心于2023年8月出版《万年中国——中华文明的起源与形成》一书，作为作者之一，我荣幸地在当年的上海书展上参加了该书的首发式，后来又参加了一系列关于该书的宣传推广活动，包括在《光明日报》刊发书评《万年中国，灿烂辉煌》。这篇文章的原标题是"万年中国，一个具有突破意义的新概念"。"万年中国"乍看是一个新词，实际上是几代考古学人在田野考古基础上倾心塑造、在浩瀚广大的历史文化传统中孕育而出的水到渠成的观念性成果。

《万年中国——中华文明的起源与形成》一书，涉及万年的遗址只有上山。这具有一定的象征性，我当即感到这是宣传上山遗址和上山文化的好机会。上山文化提供了水稻起源于中国的最早证据。这一养活了世界上近一半人口的最重要的粮食作物，是由生活在钱塘江流域的古上山人在10 000多年前最先培育、种植的，并在那里盛开了第一朵稻作文明之花。这一可书写于人类文明史的重大事件，难道不应该被更多的中国人和外国人知晓，从而让更多的人了解中华民族对于人类文明的这一重大贡献？

这一想法，得到了浦江县委宣传部和东方出版中心的认同与支持，这本《上山——中华文明的万年奠基》，可视为各方合作推动的成果。大家认为，需要有一个观点鲜明的简明的读本，才能更好地向世界介绍上山文化。

最终确定写这本小书，是2024年春节之后的事，因此这是一次匆忙而快速的写作。敢于承担这个任务，也是因为我刚刚参与撰写了《浙江新石器时代考古》一书，其中的"上山文化"章节，已经具备了这次写作的基本框架。二十多年来，国内外很多考古专家加入了上山文化的研究行列，在多个方面取得了很有影响力的学术成果。我的同事王海明、仲召兵等主持发掘的小黄山遗址、下汤遗址等，也为上山文化打开了更开阔的认识视野。这本小书，是我在漫长的上山文化考古过程中学习与思考的一次总结。个人认识的不足，也将是本书的不足。敬请读者参考阅读并予批评指正。

蒋乐平

2024年3月26日